Retiro Quaresmal 2024

Retiro Quaresmal

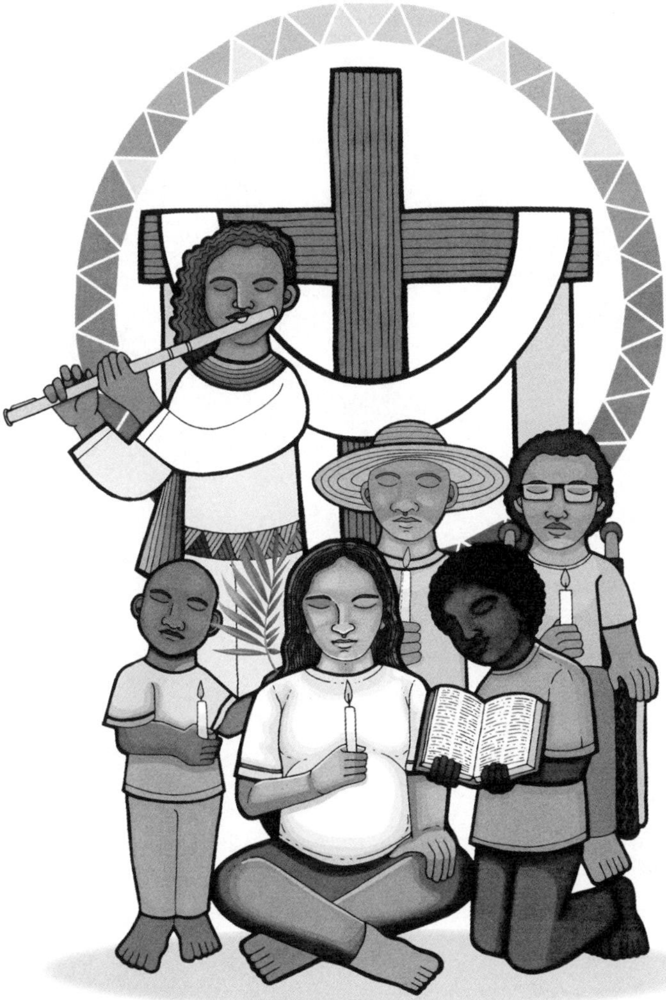

"Vós sois todos irmãos e irmãs"
Mateus 23,8

Capa: Ronaldo Hideo Inoue
Composição da ilustração de © Ateliê15
sobre imagem de fundo (gerada com IA) de
© Naim Bp | Adobe Stock.
Diagramação: Desígnios Editoriais
Preparação e revisão de texto: Maria Suzete Casellato

Edições Loyola Jesuítas
Rua 1822, 341 – Ipiranga
04216-000 São Paulo, SP
T 55 11 3385 8500/8501 • 2063 4275
editorial@loyola.com.br
vendas@loyola.com.br
www.loyola.com.br

Todos os direitos reservados. Nenhuma parte desta obra pode ser reproduzida ou transmitida por qualquer forma e/ou quaisquer meios (eletrônico ou mecânico, incluindo fotocópia e gravação) ou arquivada em qualquer sistema ou banco de dados sem permissão escrita da Editora.

ISBN 978-65-5504-318-1

© EDIÇÕES LOYOLA, São Paulo, Brasil, 2023

106470

Sumário

Apresentação, 9

Introdução, 13

1. O que é um Retiro Quaresmal?, 13
2. Como organizar-se para o Retiro Quaresmal?, 13
3. Como usar o Roteiro do Retiro Quaresmal?, 14
4. Como fazer a oração pessoal diária?, 14
5. Como revisar a oração?, 15
6. Como fazer a *Oração de Atenção Amorosa*?, 16
7. Como fazer uma leitura orante (se for um texto de ensinamento da Escritura)?, 17
8. Como fazer uma Contemplação evangélica (se o texto for uma cena bíblica, especialmente, um acontecimento ou mistério da vida de Cristo)? Como proceder?, 18
9. Acompanhamento no Retiro Quaresmal, 18
10. "Dicas" para os animadores espirituais do Retiro Quaresmal, 19

Semana Introdutória, 21

Introdução, 22
Quarta-feira de Cinzas, 22
Quinta-feira após as Cinzas, 24
Sexta-feira após as Cinzas, 27
Sábado após as Cinzas, 30

Primeira Semana da Quaresma, 31

Introdução, 32
Domingo da Primeira Semana da Quaresma, 33
Segunda-feira da Primeira Semana da Quaresma, 35
Terça-feira da Primeira Semana da Quaresma, 37
Quarta-feira da Primeira Semana da Quaresma, 38

Quinta-feira da Primeira Semana da Quaresma, 41
Sexta-feira da Primeira Semana da Quaresma, 42
Sábado da Primeira Semana da Quaresma, 44

Segunda Semana da Quaresma, 47

Introdução, 48
Domingo da Segunda Semana da Quaresma, 49
Segunda-feira da Segunda Semana da Quaresma, 51
Terça-feira da Segunda Semana da Quaresma, 53
Quarta-feira da Segunda Semana da Quaresma, 55
Quinta-feira da Segunda Semana da Quaresma, 57
Sexta-feira da Segunda Semana da Quaresma, 59
Sábado da Segunda Semana da Quaresma, 62

Terceira Semana da Quaresma, 63

Introdução, 64
Domingo da Terceira Semana da Quaresma, 65
Segunda-feira da Terceira Semana da Quaresma, 66
Terça-feira da Terceira Semana da Quaresma, 68
Quarta-feira da Terceira Semana da Quaresma, 69
Quinta-feira da Terceira Semana da Quaresma, 70
Sexta-feira da Terceira Semana da Quaresma, 71
Sábado da Terceira Semana da Quaresma, 72

Quarta Semana da Quaresma, 75

Introdução, 76
Domingo da Quarta Semana da Quaresma, 77
Segunda-feira da Quarta Semana da Quaresma , 78
Terça-feira da Quarta Semana da Quaresma, 80
Quarta-feira da Quarta Semana da Quaresma, 82
Quinta-feira da Quarta Semana da Quaresma, 84
Sexta-feira da Quarta Semana da Quaresma, 86
Sábado da Quarta Semana da Quaresma, 87

Quinta Semana da Quaresma, 89

Introdução, 90
Domingo da Quinta Semana da Quaresma, 91
Segunda-feira da Quinta Semana da Quaresma, 94
Terça-feira da Quinta Semana da Quaresma, 95
Quarta-feira da Quinta Semana da Quaresma, 98
Quinta-feira da Quinta Semana da Quaresma, 100
Sexta-feira da Quinta Semana da Quaresma, 102
Sábado da Quinta Semana da Quaresma, 104

Semana Santa, 107

Introdução, 108
Domingo de Ramos, 109
Segunda-feira da Semana Santa, 111
Terça-feira da Semana Santa, 113
Quarta-feira da Semana Santa, 115
Quinta-feira da Semana Santa, 117
Sexta-feira da Semana Santa, 119
Sábado Santo, 121
Domingo de Páscoa, 123

Mensagem final, 127

Apresentação

Pelo 20º. ano consecutivo, a "Rede Servir" (rede inaciana de colaboração, fé e espiritualidade), em parceria com a "Rede Diaconia", ambas da Companhia de Jesus no Brasil, elaborou um roteiro de oração para ajudar a vivenciar, de um modo sempre novo e inspirador, o tempo litúrgico da Quaresma. Trata-se do já conhecido **"Retiro Quaresmal"**, inspirado na metodologia inaciana de oração.

A **Quaresma** é um tempo privilegiado de discernimento e mudança; ela desvela as grandes carências existenciais que nos afligem e nos desumanizam; ao mesmo tempo, ela nos faz ter acesso aos melhores recursos e dons, presentes em nosso interior e que ainda não encontraram chances de se expressar.

Há uma *"carência radical"* que nos afeta a todos e que, cada vez mais, assume um rosto assustador. Trata-se das profundas rupturas fraternas que se expressam numa cultura do ódio, da violência, da intolerância, do preconceito... Precisamos, neste tempo litúrgico especial, reforçar os nossos laços fraternos, reconstruir os vínculos quebrados e alimentar a comunhão entre os diferentes.

Para ajudar a tornar a nossa vida mais fraterna, aberta e acolhedora, a Campanha da Fraternidade da Igreja no Brasil nos situa diante desta dura realidade que nos escandaliza.

Com o provocativo tema — **"Fraternidade e amizade social"** — e o lema — *"Vós sois todos irmãos e irmãs"* (Mt 23,8) –, somos chamados a despertar nossa sensibilidade solidária frente a esta vergonhosa situação de divisão que nos envergonha. Não podemos continuar passivos e indiferentes frente a esta realidade tão desumana. Onde há divisões e conflitos é sinal de que o Evangelho não está sendo vivido de modo coerente pelos cristãos.

O caminho da Quaresma passa pelo coração. Como seguidores(as) de Jesus, somos chamados(as) a retornar a Deus *"de todo o coração"*, a não nos contentarmos com uma vida medíocre, mas a crescer na *amizade* com o Senhor. E, quando alimentarmos a amizade com o Senhor, também amadureceremos nossa amizade com os outros e, unidos fraternalmente, celebraremos a Páscoa, a plenitude da vida cristã.

Assim, em sintonia com o movimento humanizador de Jesus, a Quaresma se apresenta como um momento privilegiado para despertar os nossos recursos internos e ativar nosso espírito fraterno. Para isso, é preciso redescobrir o caminho do coração para viver um permanente processo de reconciliação.

O "Retiro Quaresmal" é uma excelente mediação para viver com mais sentido e inspiração este tempo litúrgico tão nobre; ao mesmo tempo, ele nos abre a possibilidade de acessar nossa interioridade e destravar os impulsos relacionais que nos habitam: relação com Deus (oração), relação com os outros (esmola) e relação com as coisas (jejum).

Os roteiros de oração aqui propostos, seguindo a metodologia inaciana de oração, foram elaborados por uma equipe de jesuítas e um leigo, com o desejo de ajudá-lo(a) a crescer na intimidade com o Senhor e na abertura fraterna a tantos que vivem à margem da vida: Pe. Inácio Rhoden, SJ (Semana Introdutória); Pe. José Antônio Netto de Oliveira, SJ (1ª. Semana); Pe. Adroaldo Palaoro, SJ (2ª. Semana); Pe. Rogério Barroso, SJ (3ª. Semana); João Melo (4ª. Semana); Pe. André Araújo, SJ (5ª. Semana); Pe. Adroaldo Palaoro, SJ (Semana Santa).

Uma fraterna "travessia" Quaresmal a todos(as)!

Pe. Adroaldo Palaoro, SJ
Coordenador do Retiro Quaresmal

Retiro Quaresmal 2024

"Vós sois todos irmãos e irmãs."
(Mt 23,8)

Introdução

1
O que é um Retiro Quaresmal?

O Retiro Quaresmal oferece um roteiro de exercícios de oração diária elaborado segundo a metodologia de Santo Inácio de Loyola. O roteiro oferece uma forma especial de fazer o retiro individualmente, em casa, no tempo da Quaresma, visando a uma boa preparação para a Páscoa do Senhor. Fundamentalmente, o Retiro Quaresmal é um caminho de oração, feito no dia a dia, por determinado tempo, baseando-se em exercícios de oração, sugeridos e elaborados neste livrinho que ora apresentamos.

2
Como organizar-se para o Retiro Quaresmal?

O "coração" do Retiro Quaresmal está em dedicar-se, por pelo menos 30 minutos diários, à oração pessoal, de acordo com os exercícios sugeridos.

É muito importante reservar um tempo propício para esse "encontro íntimo com o Senhor"; é preciso reconhecer que é difícil manter uma rotina de oração. Isso pede muita fidelidade.

Assim como ensina Santo Inácio, é preciso muito ânimo e generosidade para começar o retiro.

O melhor tempo para a oração diária é aquele em que a pessoa está mais descansada, menos dispersa e agitada pelas preocupações do dia. Seria bom que fosse sempre à mesma hora. Se isso não for possível, pelo menos faça um plano semanal.

Recomenda-se ter uma espécie de diário espiritual (caderno de vida), onde se anota aquilo que, durante a oração, aconteceu de mais importante e significativo para o crescimento na fé e em sua prática na vida ou apelos de conversão pessoal. Isso vai facilitar a partilha no grupo de oração.

3
Como usar o Roteiro do Retiro Quaresmal?

a. Este roteiro segue as seis semanas da Quaresma, com "pontos" que animam a oração, desde domingo até sexta-feira. Todos os textos apresentados seguem os evangelhos propostos pela liturgia para o Tempo Quaresmal.

b. Aos sábados, este roteiro pede que se faça uma repetição. Trata-se de escolher a oração da semana que mais o tocou ou aquela que foi mais difícil para você. Escolhida a oração, repita-a da mesma maneira como vem fazendo em todas as outras orações, mas dê especial atenção àquilo que mais o marcou na primeira vez em que fez a oração. Não raras vezes acontece que, somente durante a repetição, se consegue uma experiência de oração mais profunda.

c. Cada semana começa com uma introdução. Nela, você encontra uma explicação geral que o tema da semana lhe dá, assim como a graça a ser pedida. Essa é a graça que se deve pedir todos os dias dessa semana.

d. Tratando-se de Retiro Quaresmal, os exercícios começam na Quarta-feira de Cinzas, como uma etapa introdutória. Nela, a pessoa é convidada a entrar, conscientemente, no caminho de oração dos Exercícios na Vida Diária e a dispor-se a uma atitude orante.

e. No final de cada dia, antes de dormir, dedique 10 minutos à Oração de Atenção Amorosa (cf. n. 6)

4
Como fazer a oração pessoal diária?

a. Escolha um lugar apropriado para a oração e uma posição corporal que mais ajude você. Desligue o celular, cuide para não receber visitas ou ser interrompido(a).

A ambientação ajuda: vela, crucifixo e bíblia.

b. Pacifique-se através do silêncio exterior e interior. Para isso, ajuda respirar profundamente várias vezes, de maneira pausada. Talvez uma música ambiente bem baixinha também ajude a criar um clima de oração. Uma vez que se sente pacificado, faça o sinal da Cruz.

c. Tome consciência de que você está acolhendo a presença de Deus como amigo; invoque sempre o Espírito Santo.

d. Faça uma oração de oferecimento na qual todos os pensamentos, palavras, sentimentos e ações sejam colocados nas mãos de Deus para que Ele os transforme. Ajuda expressar todas as preocupações, todas as alegrias, todas as dificuldades, tudo o que está acontecendo na vida deve ser dito a Deus.

e. Peça a graça de acordo com o roteiro de cada dia.

f. Vá ao texto do dia, seguindo as orientações sugeridas. Dedique tempo à Palavra de Deus e às imagens e lembranças que ela vai trazendo. Saboreie a Presença de Deus dentro do seu coração.

g. Termine com uma despedida amorosa, agradecendo por aquilo que aconteceu na oração. Depois, reze um Pai-Nosso e uma Ave-Maria.

(**N.B.**: nos números 7 e 8 desta introdução, você encontrará outros dois modos de orar os textos bíblicos indicados.)

5
Como revisar a oração?

a) Após cada tempo de oração, faça a revisão geral de tudo o que ocorreu nela.

b) Tome o caderno e anote, primeiro, como se saiu no tempo de oração pessoal. Que elementos ajudaram? Que dificuldades apareceram?

c) Em um segundo momento, anote aquilo que lhe pareceu mais importante para o crescimento da fé e para a vida:
- Que Palavra de Deus mais o/a tocou?
- Que sentimentos predominaram nessa oração?
- Sentiu algum apelo à conversão, desejo, inspiração?
- Que resistências sente para seguir esse apelo ou inspiração?

(**N.B.**: essa revisão pode ser utilizada para a partilha da oração em grupo.)

6
Como fazer a
Oração de Atenção Amorosa?

À noite, antes de deitar, é indicado fazer uma retrospectiva do dia com um momento de oração (10 minutos), chamada Oração de Atenção Amorosa. Trata-se do exame espiritual de consciência. Inácio de Loyola teve uma visão mais ampla desse exame, não apenas vendo as falhas, mas lançando um olhar para todo o dia vivido, em uma atitude de gratidão e serenidade. Aqui, a pessoa é chamada a tomar consciência da ação do Senhor durante os eventos do dia. Conclui-se confiantemente, colocando o futuro nas mãos de Deus.

Seguem, abaixo, os cinco passos para esse exercício:

1 **Agradecimento**
Agradeça a Deus por tudo que viveu neste dia. Sinta-se como pobre que tudo agradece.

2 **Invocação ao Espírito Santo**
Invoque o Espírito Santo, pedindo luz para olhar o seu dia com os olhos de Deus: *"Que o Espírito me ajude a ver-me um pouco mais como Ele próprio me vê"*.

3 **Um olhar sobre o dia que passou**
Contemple o dia que passou. Deixe passar, diante de seus olhos, o dia todo ou coloque-se diante de alguns acontecimentos. Não precisa avaliar-se ou julgar-se; dedique mais tempo àqueles acontecimentos que mais lhe chamam a atenção.
Encontra motivos para agradecer? Permitiu que Deus atuasse em você, sendo sinal de sua presença e amor para com os outros?

4 **Pedido de perdão**
Reconhecendo-se frágil e pecador, peça perdão ao Senhor por suas faltas ou pelo bem que deixou de fazer, não se deixando conduzir por seu Espírito.

5
Oração de conclusão
Confie ao Senhor o seu amanhã, desejando vivamente assumi-lo com olhar e coração renovados. Trata-se de um novo dom a ser vivido intensamente na alegria e esperança.
Reze um Pai-Nosso.

7
Como fazer uma leitura orante (se for um texto de ensinamento da Escritura)?

a) **Leitura do texto**
É a escuta atenta da Palavra na fé. Faça a leitura com todo seu ser, pronunciando as palavras com os lábios; releia, devagar, versículo por versículo. Pergunte-se: *o que diz o texto em si?*

b) **Meditação**
Pare onde o texto lhe fala interiormente; não tenha pressa, aprenda a saborear, a ruminar a Palavra. Pergunte-se: *o que diz o texto para mim?*

c) **Oração**
A oração agora brota do coração tocado pela Palavra feita na leitura e meditação. Deus é Pai que nos ama muito mais do que poderíamos ser amados. Pergunte-se: *o que o texto me faz dizer a Deus?* A oração pode expressar-se por momentos de louvor, de ação de graças, de súplica, de silêncio e, sobretudo, de deixar que o Espírito reze em nós.

d) **Contemplação**
A contemplação é o momento de intimidade, na qual se deixa a iniciativa a Deus. Trata-se de saborear o momento com o Senhor. Vá acolhendo o que vier à mente, o que tocar o seu coração: desejos, luzes, apelos, lembranças, inspirações...

e) **Ação**
A Palavra acolhida e saboreada produz frutos de fé e amor na sua vida. Dê a sua resposta, confirmando a Palavra do Senhor. Pergunte-se: *o que o texto e tudo o que aconteceu nesta oração me fazem saborear e viver?*

Finalize a oração com uma despedida amorosa. Reze um Pai-Nosso e uma Ave-Maria.

Saindo da oração, faça a sua **revisão** (cf. nº. 5).

8
Como fazer uma Contemplação evangélica (se o texto for uma cena bíblica, especialmente, um acontecimento ou mistério da vida de Cristo)? Como proceder?

- **Recorde a história** e use a imaginação para entrar na cena evangélica;
- Procure **ver**, contemplando cada pessoa da cena; dedique um olhar demorado, sobretudo à pessoa de Jesus (se for o caso). Olhe, sem querer explicar ou entender;
- Tente **ouvir**, prestando atenção às palavras ditas ou implícitas: o que podem significar? E se fossem dirigidas a mim?
- **Observe o que fazem** as pessoas da cena. Elas têm nome, história, sofrimentos, buscas, alegrias? Como reagem? Percebe os gestos, os sentimentos e atitudes, sobretudo de Jesus?
- **Participe** ativamente da cena, deixando-se envolver por ela. Além de ver, ouvir, tente apalpar e sentir o sabor das coisas que nela aparecem;
- E, refletindo, **tire proveito** de tudo o que ocorreu durante a oração;
- Finalize com uma despedida amorosa. Reze um Pai-Nosso e uma Ave-Maria. Saindo da oração, faça sua **revisão** (cf. n°. 5).

9
Acompanhamento no Retiro Quaresmal

Além das orientações dadas, seria desejável um acompanhamento mais direto. Há duas possibilidades:

a) Recomenda-se às pessoas que desejam fazer o retiro formarem grupos por proximidade geográfica ou afetiva, sejam grupos já existentes, sejam grupos a se constituírem. O objetivo é reunir-se, semanalmente de preferência, para a partilha das experiências (cf. n°. 10).

b) Tanto quanto possível, os grupos sejam acompanhados por um orientador experiente nos Exercícios Espirituais de Santo Inácio, auxiliado por outros acompanhantes idôneos que se disponham a prestar esse serviço pastoral.

10
"Dicas" para os animadores espirituais do Retiro Quaresmal

- Constituído o **grupo** na diversidade de pessoas, mas desejosas de viver o Caminho Quaresmal com mais intensidade, o **animador espiritual** combina local e data para a primeira reunião; ali, ajudado pelas orientações e explicações contidas no início do livrinho *Retiro Quaresmal*, o animador poderá detalhar mais o objetivo dessa modalidade de retiro, o sentido do Tempo Quaresmal, os encontros semanais para partilha, o ritmo diário de oração de cada participante. Pode, também, indicar os "passos para a oração pessoal", segundo a metodologia inaciana;

- Verificar se todos adquiriram o livrinho *Retiro Quaresmal*; é recomendável que cada participante tenha um "caderno de vida"; isso ajudará a registrar a experiência vivida em cada oração e melhor preparar-se para a partilha no grupo;

- Antes de cada encontro de partilha, o animador prepara o **ambiente:** lugar propício, velas, a Palavra de Deus no centro, flores, cadeiras, estampas etc., de acordo com a criatividade de cada um ou do grupo;

- Inicia-se o encontro com cantos, alguma oração vocal, um texto bíblico (pode ser algum texto que foi rezado durante a semana), um momento de interiorização;

- O animador espiritual motiva os participantes à partilha da oração vivenciada durante a semana que passou; reforçar que não se trata de debate nem discussão de ideias, nem resolução de dúvidas, nem réplica ao que o outro falou. O clima deve ser de acolhida amorosa da oração do outro. **A partilha é também oração.**

  (Tomar cuidado para que algumas pessoas não monopolizem a partilha e que a plena liberdade de cada um seja garantida na experiência espiritual);

- A partir da realidade em que se encontram os participantes, o animador os irá conduzindo com delicadeza, tato e bom senso, fazendo com que a **partilha** vá adquirindo, em um ambiente de muita serenidade e confiança, maior qualidade espiritual. Cada pessoa poderá partilhar, muito livremente, a ação do Senhor no seu interior: as alegrias experimentadas, as dificuldades, os apelos que sentiu, a maneira como o Senhor falou, conduziu e manifestou sua presença durante a semana que passou ("movimentos do coração").

Que impacto a oração está tendo na vida pessoal, familiar, eclesial, social?

- Após o tempo da partilha, o animador espiritual poderá fazer breves indicações para a oração da **semana seguinte;** poderá realçar os "passos para a oração", o "pedido da graça", a avaliação da oração, o registro das "moções" no caderno de vida. Animar cada participante à fidelidade ao tempo de oração, mesmo nas dificuldades; buscar ajuda quando sente que algo está travando a experiência espiritual;
- Terminar o encontro com algum canto ou o Pai-Nosso.

Semana Introdutória

Pe. Inácio Rhoden, SJ

Veio o Filho do Homem, que come e bebe, e dizem: "É um comilão e beberrão, amigo de publicanos e pecadores."
(Mt 11,19)

Utilize este QR CODE para assistir ao vídeo com as orientações sobre as orações desta semana.

Introdução

Na sua sabedoria materna, a Igreja propõe-nos prestar especial atenção a tudo o que possa arrefecer e oxidar o nosso coração crente. A Campanha da Fraternidade de 2024 traz como tema: "Fraternidade e Amizade Social" e o lema: "Vós sois todos irmãos e irmãs" (Mt 23,8).

Durante a Quaresma devemos fixar o nosso olhar no Crucificado. Jesus na cruz é a bússola da vida, que nos orienta para o Céu. A pobreza do lenho, o silêncio do Senhor, a sua nudez por amor mostra-nos a necessidade de uma vida mais simples, livre da azáfama excessiva pelas coisas. Da cruz, Jesus ensina-nos a coragem esforçada da renúncia. [...] Jesus, abrasado de amor no lenho da cruz, chama-nos a uma vida inflamada por Ele, que não se perde entre as cinzas do mundo; uma vida que arde de caridade, e não se apaga na mediocridade. (Cf. Papa Francisco)

> **A graça da semana:**
>
> Peço a graça das graças: minha conversão integral para doar-me livre e generosamente a serviço da vida digna para todos como irmãos e irmãs.

Quarta-feira
de Cinzas

"Guardai-vos de praticar a vossa justiça diante dos homens."
Jl 2,12-18 | Sl 50(51) | 2Cor 5,20-6,2 | Mt 6,1-6.16-18

O trecho do Evangelho, tirado do "sermão da montanha", insiste sobre a exigência de praticar a própria "justiça" — **esmola, oração e jejum** — não diante dos homens, mas unicamente aos olhos de Deus, que "vê o segredo" (cf. Mt 6,1-6.16-18). A verdadeira "recompensa" não é a admiração dos outros, mas a amizade com Deus e a graça que dela deriva, uma graça que confere paz e força de realizar o bem, de amar até quem não merece, de perdoar quem nos ofendeu.

Três pontos para rezar: FAZER UMA CONTEMPLAÇÃO

1) *"Voltai a mim com todo o vosso coração"* (Jl 2,12).

Se devemos voltar, é porque nos afastamos. É o mistério do pecado: afastamo-nos *de Deus, dos outros, de nós mesmos*. *Humildemente decido voltar a Deus com todo o meu coração, peço perdão porque* afastei-me *de Deus, dos outros, de mim mesmo*.

2) *"Devolve-me a alegria de ser salvo, que me sustente um ânimo generoso"* (Sl 50,14).

Com coração agradecido e confiante *retorno a* Deus para ser *reconciliado, perdoado e amado,* porque acredito que o Deus da vida é maior... Deus é amor.

3) Ao receber as cinzas sobre a cabeça somos interpelamos pelo claro convite à conversão que pode expressar-se numa fórmula dupla: "**Convertei-vos e crede no Evangelho**" (Mc 1,15) ou: "**Recorda-te que és pó e ao pó hás de voltar**" (Gn 3,19).

Começamos a Quaresma com a recepção das cinzas: "Lembra-te de que és pó da terra e à terra hás de voltar" (cf. Gn 3,19). [Ou: Convertei-vos e crede na Boa-Nova" (Mc 1,15)]. O pó sobre a cabeça faz-nos ter os pés assentes na terra: recorda-nos que viemos da terra e, à terra, voltaremos; isto é, somos débeis, frágeis, mortais. Confiamos que somos o *pó amado por Deus*. Amorosamente, o Senhor recolheu nas suas mãos o nosso pó e, nele, insuflou o seu sopro de vida (cf. Gn 2,7).

Desse modo, a cinza recorda-nos o percurso da nossa existência: *do pó à vida*. Somos pó, terra, barro; mas, se nos deixamos plasmar pelas mãos de Deus, tornamo-nos uma maravilha. Todavia, muitas vezes, sobretudo nas dificuldades e na solidão, vemos só o nosso pó! Mas o Senhor encoraja-nos: o pouco que somos, aos olhos d'Ele tem valor infinito. Coragem! Nascemos para ser amados; nascemos para ser filhos e filhas de Deus.

A Virgem Maria é o "caminho" que o próprio Deus preparou para vir ao mundo. Confiemos a ela a expectativa de salvação e de paz de todos os homens e mulheres do nosso tempo.

Por intercessão de São José, pedimos a graça das graças: **a nossa conversão**. Dirijamos-lhe a nossa oração:

Salve, guardião do Redentor
e esposo da Virgem Maria!

A vós, Deus confiou o seu Filho;
em vós, Maria depositou a sua confiança;
convosco, Cristo tornou-se homem.
Ó Bem-aventurado José, mostrai-vos pai também para nós
e guiai-nos no caminho da vida.
Alcançai-nos graça, misericórdia e coragem,
e defendei-nos de todo o mal. Amém.

Quinta-feira
após as Cinzas

"Se alguém quiser vir após mim, renuncie a si mesmo, tome sua cruz, cada dia, e siga-me."
Dt 30,15-20 | Sl 1 | Lc 9,22-25

Proponho hoje uma **oração memoriosa**.

O mestre Jesus não repreende quem não compreende, mas sua pedagogia catequética confirma a sua prática e com sabedoria explica-a com uma pergunta paradoxal: *"de que adianta a alguém ganhar o mundo inteiro, se vier a perder-se e a arruinar a si mesmo?"* (Lc 9,25). A implicação é evidente, como já havia sido explicitada anteriormente: *"É necessário o Filho do Homem sofrer muito e ser rejeitado pelos anciãos, sumos sacerdotes e escribas, ser morto e, no terceiro dia, ressuscitar"* (Lc 9,22).

Para Jesus, a verdadeira vida existencial passa pela partilha, isto é, uma forma de vida inteligente e sábia: usar o justo, não possuir nada, partilhar tudo. Certamente o poder do dinheiro e das posses também foi sentido por Jesus. Não é por acaso que a perspectiva de "ganhar o mundo inteiro" presente nesta questão é análoga à terceira tentação que sofreu no deserto: "o diabo o trouxe numa montanha muito alta e mostrou-lhe todos os reinos do mundo e a sua glória e disse-lhe: "Todas estas coisas te darei se, prostrando-te aos meus pés, me adorares" (Mt 4,8-9).

Ser ou **ter**? Melhor ainda: que vantagem isso traz, qual é o sentido – então poderíamos parafrasear "para que serve?" – de acumular riqueza e poder, correndo o risco de perder o único bem real à nossa disposição, a nossa vida? Na verdade, nada nem ninguém poderá devolver-nos o tempo e a energia desperdiçados na tentativa de acumular à custa do ser e, portanto, também da partilha com alegria. Da mesma forma, é uma quimera pensar que o que teremos ganho nos permitirá redimir a nossa existência ou atrasar a hora da morte: "Quem entre vós, por mais que se preocupe, pode acrescentar um único instante à duração da sua vida?" (Mt 6,27; Lc 12,25).

A oposição é entre duas lógicas de existência. A lógica mundana, que se centra na posse e procura a sua própria preservação em ter mais, e a lógica do discípulo, que se centra no dom. Segundo o Evangelho, a escolha entre as duas lógicas põe em jogo toda a existência do homem. A primeira leva não só ao fracasso da vida futura, mas também da presente. E a segunda não é apenas um ganho de vida eterna, mas também uma plenitude no presente. O paradoxo do Evangelho — para alguns, "a tolice e a loucura" e para outros, "o poder e a sabedoria de Deus" (cf. 1Cor 1,18-25) — deve ser colocado nesses termos, e não de outra forma.

Olhando para o Crucificado, decido tomar a cruz e seguir a Jesus

Proponho uma **oração memoriosa**, recordando com a aplicação dos sentidos, trazendo presente os exemplos de Dom Helder Câmara, Papa Francisco e o próprio Jesus Cristo.

Minha maneira de "gastar a vida" é ser o que sou: Dom Helder Câmara dizia: "ser padre para Deus, para o povo, e assim me consumir como uma vela acesa. Queimar toda a cera, gastar todas as minhas energias iluminando. É assim que sou chamado a viver minha primeira vocação: dar a vida".

O meu primeiro chamado, seja qual for a minha vocação, seja qual for meu estado de vida, é dar a vida, gastar-me como uma vela, ser um pavio forte, ser duradoura (*"não pavio curto"*), paciente, perseverante e persistente: "Ninguém tem amor maior do que aquele que dá a vida por seus amigos" (Jo 15,13).

Que eu seja como a generosa vela, que se gasta, sem reclamar! Se doa para ILUMINAR a vida dos que estão à sua volta, pois sabe que é para isso que foi criada! É esse o seu chamado! E por isso se sente satisfeita.

Papa Francisco considera muito importante no processo sinodal a escuta de Cristo, que passa também através da escuta dos irmãos e irmãs na Igreja;

em algumas fases, esta escuta recíproca é o objetivo principal, mas permanece sempre indispensável no método e estilo de uma **Igreja sinodal**.

A Jesus, seguimo-lo juntos. [Recordamos a famosa frase de Dom Helder Câmara: *"Um sonho sonhado sozinho é apenas um sonho. Um sonho sonhado junto é o princípio de uma nova realidade"*] e juntos, como Igreja peregrina no tempo, vivemos o Ano Litúrgico e, nele, a Quaresma, caminhando com aqueles que o Senhor colocou ao nosso lado como companheiros de viagem. À semelhança da subida de Jesus e dos discípulos ao Monte Tabor, podemos dizer que o nosso caminho quaresmal é "sinodal", porque o percorremos juntos pelo mesmo caminho, discípulos do único Mestre. Mais ainda, sabemos que Ele próprio *é o Caminho* e, por conseguinte, tanto no itinerário litúrgico como no do Sínodo, a Igreja não faz outra coisa senão entrar cada vez mais profunda e plenamente no mistério de Cristo Salvador (cf. Papa Francisco).

O cartaz da Campanha da Fraternidade de 2024 nos ajuda a recordar as semelhanças entre Dom Helder Câmara e Papa Francisco, pois são dois grandes homens de fé, que tanto colaboraram e colaboram com a história da CNBB e da Igreja no Brasil e no mundo.

O Papa Francisco diz: "aquele santo bispo brasileiro", referindo-se a Dom Helder Câmara, repetindo dele a famosa frase: "Quando dou comida aos pobres, me chamam de santo. Quando pergunto por que eles são pobres, chamam-me de comunista" (Papa Francisco 21/12/2020).

"Olharão para aquele que traspassaram." (Jo 19,37)

Concluo com um olhar memorioso ao meu coração e percebo se acenderem vivas imagens de amor de algumas ocasiões cruciais da vida de Jesus, e vêm à mente três momentos inesquecíveis da existência terrena do Mestre: os quarenta dias no deserto, nos quais se inspira o tempo quaresmal, e a agonia no Getsêmani: ambos são essencialmente momentos de oração existencial. Podemos ainda falar de uma terceira oração que move e comove o meu coração. *A minha contemplação, com aplicação dos sentidos, do rosto de Cristo leva-me até o aspecto mais paradoxal do seu mistério*, que se manifesta na hora extrema — a hora da Cruz. Jamais acabaremos de sondar o abismo desse mistério. Esse paradoxo surge, em toda a sua amplitude e profundidade, no grito de dor aparentemente desesperado que Jesus eleva na cruz: [...] *"Eloí, Eloí, lamá sabachthani?"*, que quer dizer: Meu Deus, meu Deus, porque Me abandonaste?" (Mc 15,34). Oração solitária a sós com o Pai no deserto, oração repleta de "angústia mortal" no Horto das Oliveiras. Tanto na primeira como na segunda circunstância, é rezando que Cristo desmascara os enganos do tentador e o derrota. Mas como classificar esta última oração de Jesus? "O grito de Jesus na cruz, amados irmãos e irmãs, não traduz a angústia de um desesperado, mas a oração do Filho que, por amor, oferece a sua vida ao Pai pela salvação de todos." A oração mostra-se, assim, como a primeira e principal "arma" para "enfrentar vitoriosamente o combate contra o espírito do mal" (cf. Papa Bento XVI).

Caros irmãos e irmãs, nestes quarenta dias que nos conduzirão à Páscoa da Ressurreição podemos encontrar nova coragem para aceitar com paciência e com fé todas as situações de dificuldade, de aflição e de prova, na consciência de que das trevas o Senhor fará nascer o novo dia. E se formos fiéis a Jesus, seguindo-O no caminho da Cruz, o mundo luminoso de Deus, o mundo da luz, da verdade e da alegria ser-nos-á como que restituído: será a nova aurora criada pelo próprio Deus. Finalmente, em paz, viveremos "um novo céu e um nova terra", onde reinam a fraternidade e a amizade social, porque em Cristo todos somos irmãs e irmãos.

Sexta-feira
após as Cinzas

"Dias virão quando o noivo lhes será tirado..."
Is 58,1-9 | Sl 50(51) | Mt 9,14-15

Agora é tempo favorável para seguir a viagem como essencial da vida: a oração liga-nos a Deus; a caridade, ao próximo; o jejum, a nós mesmos. Deus, os irmãos, a minha vida.

Hoje sou convidado a um **tríplice olhar**:

Olhar para o Alto, com a **oração**, que liberta de uma vida horizontal e rastejante, onde se encontra tempo para si próprio, mas se esquece de Deus.

Olhar para o outro, com a **caridade**, que liberta da nulidade do ter, de pensar que as coisas estão bem se para mim correm bem.

Olhar para dentro de nós mesmos, com o **jejum**, que liberta do apego às coisas, do mundanismo que anestesia o coração. Oração, caridade, jejum: três investimentos num tesouro que dura.

Peçamos a Deus a constância paciente do agricultor (cf. Tg 5,7) para não desistir na prática do bem, um passo de cada vez. Quem cai, estenda a mão ao Pai, que nos levanta sempre. Quem se extraviou, enganado pelas seduções do maligno, não demore a voltar para Deus, que "é generoso em perdoar" (Is 55,7). Neste tempo de conversão, buscando apoio na graça divina e na comunhão da Igreja, não nos cansemos de semear o bem. O jejum prepara o terreno, a oração rega, a caridade fecunda-o.

A Virgem Maria, em cujo ventre germinou o Salvador e que guardava todas as coisas "ponderando-as no seu coração" (Lc 2,19), obtenha-nos o dom da paciência e acompanhe-nos com a sua presença materna, para que este tempo de conversão dê frutos de salvação eterna.

"Como é possível jejuar durante um banquete de casamento?"

O ensinamento de Jesus. Sua pedagogia se confirma na sua prática de fazer perguntas sábias e explica o Jejum com uma pergunta retórica: *como é possível jejuar durante um banquete de casamento?* A implicação é evidente, imediatamente explicitada: "Enquanto tiverem consigo o noivo, não podem jejuar". O noivo é Jesus, como afirma o próprio João Batista alhures, autodenominando-se **"amigo do noivo"**.

> **João respondeu: "Ninguém pode receber coisa alguma, se não lhe for dada do céu. Vós mesmos sois testemunhas daquilo que eu disse: 'Eu não sou o Cristo, mas fui enviado à sua frente'. Quem recebe a noiva é o noivo, mas o amigo do noivo, que está presente e o escuta, enche-se de alegria, quando ouve a voz do noivo. Esta é a minha alegria, e ela ficou completa. É necessário que ele cresça, e eu diminua" (Jo 3,27-30).**

Aqui Jesus expressa o mesmo conceito através de uma pergunta. Ele responde a uma pergunta com outra pergunta, como sempre faz. E, como sempre, alarga enormemente o campo: transfere a ênfase de um dado pontual, que corre o risco de se fechar nos baixios (aridez) de uma polêmica momentânea, para uma prática motivada por um estilo de vida.

Dos esquemas à vida, do porquê ao como, que contém sempre a própria razão, mas inserida num quadro mais amplo, com um alcance mais amplo. "Os convidados do casamento podem jejuar enquanto o noivo está com eles?" (Mt 9,15).

O jejum é um instrumento ascético sério e transformador, junto com a oração e a partilha dos bens, e Jesus disse-o claramente, convidando os discípulos a praticá-lo em secreto e em humildade (cf. Mt 6,1-18). O próprio Jesus jejuou durante muito tempo na solidão do deserto, para reunir forças, ir ao essencial e assim poder enfrentar a tentação de Satanás.

Até o jejum, como tudo o mais, está subordinado à alegria do banquete messiânico. Pouco importa se "noivo" é um título messiânico ou se deve ser aplicado a Deus (cf. Os 2,16-25; Is 54,5-8;62,1-7), cujo rosto Jesus anuncia num gesto de nova maneira, como uma boa notícia definitiva. Afinal, quantas vezes Jesus falou do Reino de Deus, que veio trazer e anunciar, comparando-o a uma festa de casamento...

O banquete marca o limite entre a velha e a nova vida. E como pode o cristão manifestar externamente ter aceito uma nova vida? Mostrando-se compassivo para com todos os que são pobres, oprimidos, procurando pela salvação de todos. A santificação do cristão não consiste, como acreditam escribas e fariseus, em viver longe dos pecadores, mas em oferecer a salvação a todos.

Inspirada na Encíclica do Papa Francisco, *Fratelli tutti*, a Campanha da Fraternidade (CF) de 2024 tem como tema: "Fraternidade e Amizade Social" e o lema: "Vós sois todos irmãos e irmãs" (Mt 23,8).

A atitude de abertura ao outro como irmão é um dos traços distintivos do pontificado do Papa Francisco, do seu testemunho e do seu magistério: "O amor ao outro por ser quem é, impele-nos a procurar o melhor para a sua vida. Só cultivando esta forma de nos relacionarmos é que tornaremos possível aquela amizade social que não exclui ninguém e a fraternidade aberta a todos" (*Fratelli tutti*, 94). É precisamente a amizade social, que o Papa continua a recomendar como única possibilidade até nas situações mais dramáticas – inclusive perante a guerra – "quando é genuína [...] no seio de uma sociedade é condição de possibilidade para uma verdadeira abertura universal" (*Fratelli tutti*, 99).

Sábado
após as Cinzas

Repetição

Repetir é "visitar de novo com o coração" os sinais da passagem de Deus na oração, durante a semana.

- Re-ler, saboreando, as anotações que você fez, dando atenção especial aos sentimentos, apelos e moções que foram mais fortes. Escolha a passagem bíblica que teve maior ressonância em seu interior.
- Fica a seu critério escolher um modo de orar: meditar, contemplar etc...
- Alimente ânimo e generosidade para "entrar em oração" na Primeira Semana da Quaresma.

Anotações Espirituais

Primeira Semana da Quaresma

Pe. José Antônio Netto de Oliveira, SJ

"Não há mais judeu ou grego, escravo ou livre, homem ou mulher, pois todos vós sois um só, em Cristo Jesus."
(Gl 3,28)

Utilize este QR CODE para assistir ao vídeo com as orientações sobre as orações desta semana.

Introdução

A partir da Quarta-Feira de Cinzas demos os primeiros passos do retiro quaresmal. É possível que você já tenha, nesses quatro dias, encontrado os espaços para fazer bem essa experiência: algumas pessoas, sobretudo aquelas que estão fazendo o retiro quaresmal pela primeira vez, têm certa dificuldade para encontrar, no seu dia, um tempo e um lugar onde fazer seu exercício espiritual diário.

Você já encontrou no seu horário, uma meia hora para estar com Deus, com as três Pessoas Divinas que nos envolvem no seu amor incondicional, para ouvir sua palavra e experimentar suas moções? Esforce-se para ser fiel a essa meia hora diária para estar com Deus. Se, algum dia, por circunstâncias diversas não conseguir rezar por meia hora, reze vinte minutos, ou dez, ou até cinco minutos... O importante é estar, todos os dias, com a atenção voltada para Deus, crescendo na intimidade e familiaridade com o Pai, o Filho e o Espírito Santo que sempre nos acolhem, nos abraçam e nos amam.

Pode ser também que você tenha dificuldade para encontrar um lugar adequado para fazer sua oração sem ser perturbado/a ou interrompido/a. Não desanime na busca desse lugar em casa ou fora de casa. Aquele que o/a ama sem condições está sempre esperando por você: Ele deseja revelar a você, em nível pessoal e particular, sua identidade mais profunda. "Deus é amor": as três pessoas divinas, o Pai, o Filho e o Espírito Santo, formam uma comunidade de Pessoas que se amam e não podem deixar de amar; sinta-se cada dia acolhido/a, abraçado/a, integrado/a nessa comunidade de amor, que quer fazer de sua vida e de sua história um instrumento de amor e de paz para a humanidade, como foi a vida de Jesus, a segunda pessoa da Santíssima Trindade, que se encarnou em nossa história humana para ensinar-nos a amarmos uns aos outros como Ele nos amou e como o Pai nos ama.

O tema da Campanha da Fraternidade deste ano é "Fraternidade e Amizade Social"; por amizade social entende-se: crescer na solidariedade e compaixão para com os mais pobres, desvalidos, vulneráveis, marginalizados e sofredores da sociedade, como Jesus o fez sempre. Só poderemos ser amigos/as dos pobres se, nós mesmos, nos experimentarmos como pobres pecadores gratuitamente perdoados e amados por Deus Pai, por Jesus, o Filho encarnado, e pelo Espírito Santo que é "o amor de Deus derramado em nossos corações" (Rm 5,5).

> **A graça da semana:**
> Concede-me, Senhor, a graça de crescer na amizade e compaixão para com os pobres e pequeninos, uma vez que eu também, pobre e pecador/a, sou tão amado/a e perdoado/a por vós.

Domingo
da Primeira Semana da Quaresma

"Jesus foi tentado por Satanás."
Gn 9,8-15 | Sl 24(25) | 1Pd 3,18-22 | Mc 1,12-15

- Preparo o ambiente interno e externo para viver mais intensamente este tempo de oração.
- Sigo os passos para a oração propostos no início do livreto.
- Peço a Deus a graça indicada para esta semana.

Jesus foi tentado por Satanás durante toda a sua vida e não apenas no começo de sua vida pública; foi tentado até na cruz. As tentações de Jesus situam-se em torno do tipo de messianismo que ele abraça, para revelar o projeto do Pai Celeste para a humanidade: ser um MESSIAS-SERVO, humilde servidor da humanidade no amor, lavando humildemente nossos pés, conforme estava prefigurado na profecia de **Isaías 52,13-53,12**.

A tentação que o persegue durante toda a vida é a de abandonar esse tipo de messianismo, aparentemente ineficaz, e abraçar um messianismo de poder, ser um poderoso deste mundo que, na força, na riqueza, no prestígio e no poder de Deus, instauraria o Reino de Deus no mundo, eliminando os ímpios e os maus, e reinando com os bons e os justos.

Nós também somos continuamente tentados por Satanás e nossas tentações são muito parecidas com as de Jesus. Como acontecem as tentações de Satanás e as graças e iluminações de Deus em nossa vida? Jesus compara nossa vida com um campo onde Deus semeou o bom trigo e o diabo semeou o joio. Ela então é disputada por dois mundos sobrenaturais, de um lado por Deus, que quer a nossa salvação e, por outro lado, por Satanás, que quer a nossa perdição.

Como ambos atuam em nossa interioridade? Através dos pensamentos. De um lado Deus, que está continuamente sugerindo-nos e inspirando-nos pensamentos bons, para fazermos boas ações para os outros, para todos, até para nossos inimigos, para aqueles que nos fazem o mal: um amor concreto, uma árvore que produz bons frutos... o Reino de Deus.

De outro lado, Satanás vai sugerir-nos e inspirar-nos pensamentos maus, para praticarmos ações que irão prejudicar a nós mesmos e a outros, pensamentos de ódio, de vingança, de ambições de riqueza a qualquer preço, de poderes de dominação sobre outros, sobretudo os pobres, os mais indefesos, fechando-nos no egoísmo, no nosso "ego" orgulhoso e onipotente, onde desaparece o amor, a compaixão e gera-se o caos na história.

Nossa vida espiritual vai ser um combate interior. Ter claro que o que chamamos maus pensamentos não são em si pecados, mas tentações para fazermos coisas erradas ou más. Se não fazemos o mal que o diabo nos sugere, não pecamos, vencemos a tentação com a graça de Deus. O pecado está na prática de ações más e não no pensamento.

Peçamos a graça e a ajuda de Deus para vencermos as tentações, e saiamos sempre vitoriosos no combate contra as forças malignas... Que semeemos o trigo, em nosso caminhar terrestre e não o joio.

- Terminando a oração com um colóquio íntimo com o Senhor, verifico quais são minhas tentações mais frequentes. Estou saindo delas como vencedor ou derrotado? Que sentimentos ficam em mim quando saio vencedor e quando derrotado? Faço algumas anotações no meu caderno, do que foi mais importante para mim nesta oração.

Segunda-feira
da Primeira Semana da Quaresma

"Vinde, benditos de meu Pai!"
Lv 19,1-2.11-18 | Sl 18(19) | Mt 25,31-46

- Prepare-se para entrar em oração; faça alguns exercícios respiratórios, acalme-se, entregue todas as suas preocupações ao Senhor; tranquilamente, volte seu olhar para sua interioridade, onde a Trindade Santa habita. Há uma pérola preciosa no seu interior. Peça a graça desta semana e leia o Evangelho de hoje com a ajuda do texto abaixo.

O Evangelho proposto para nossa consideração de hoje nos coloca no coração do tema da Campanha da Fraternidade de 2024: "fraternidade e amizade social". O texto coloca-nos diante de um julgamento surpreendente. De fato, se lermos os Evangelhos atentamente, vamos perceber que Jesus vive voltado para aqueles que vê necessitados de ajuda, identifica-se com os mais desvalidos, indefesos e pequenos e faz por eles o que pode; nenhum sofrimento lhe é alheio. Para Jesus, a compaixão é o primordial: "sede misericordiosos e compassivos, como vosso Pai é misericordioso e compassivo". Como, então, nos surpreendermos de que no juízo final Jesus se apresente identificado com todos os pobres e desgraçados da história: "a mim o fizestes"?

Segundo o relato de Mateus "todas as nações" compareçam diante do Filho do Homem, ou seja, diante de Jesus, o compassivo. No texto não se faz nenhuma distinção entre cristãos e não cristãos, entre "povo eleito" e "povos pagãos". Nada se diz sobre diferenças de religiões e cultos. Fala-se de algo muito humano e que todos entendem: *o que fizemos com os que viveram sofrendo junto de nós?*

O que Mateus destaca é um duplo diálogo que lança uma luz imensa sobre o nosso presente e nos abre os olhos para ver que, em última análise, há duas maneiras de agir diante dos que sofrem: compadecermo-nos e ajudá-los ou fazermo-nos de desentendidos e abandoná-los. Aqueles que se aproximaram deles/as para ajudá-los/as, de fato aproximaram-se de Jesus e estarão com Ele no Reino: "Vinde, benditos de meu Pai". Por outro lado, aqueles que se afastaram dos sofredores, afastaram-se de Jesus e, é lógico, que agora lhes diga: "afastai-vos de mim"... Segui vosso caminho...

Nessa reunião final, segundo Mateus, estarão presentes todas as nações, pessoas de todas as raças e povos, de todas as culturas e religiões... O que vai decidir a sorte final não é a religião na qual viveram; o decisivo é viver com compaixão, ajudando a quem sofre e necessita de nossa ajuda. Não basta, porém, um amor platônico, mas trata-se de um amor concreto, um aproximar-se, um ajudar, um "fazer o bem" ao que precisa, ao que está sofrendo.

Como o sofrimento é muito grande e diversificado, temos inúmeras oportunidades de ser compassivos: há sofrimentos oriundos da pobreza, da miséria, da carência do mínimo para levar uma vida com dignidade; há sofrimentos devido a doenças, debilidades físicas, acidentes inesperados; há sofrimentos pela discriminação racial ou de gênero; há sofrimentos pela falta de cultura, porque as pessoas não tiveram oportunidades de estudar; há sofrimentos de ordem psicológica: traumas de infância, ansiedades, depressões, crises de pânico, medos irracionais. Há ainda sofrimentos de ordem espiritual: falta de fé, de sentido para a vida, sentimentos destrutivos de culpa que podem levar ao desespero e ao suicídio; há sofrimento pelos fracassos e insucessos de tantos sonhos que tínhamos na vida e que não se realizaram...

É imensa a dor e o sofrimento da humanidade e ninguém escapa de experimentá-lo em uma ou outra etapa de sua vida. Esperemos que nesses momentos alguém tenha compaixão de nós e nos ajude e que o Senhor nos dê a graça de, desde já, termos um coração compassivo diante do sofrimento e da dor de tantas pessoas que cruzam nosso caminho na vida: que sejamos amigos e próximos dos/as que sofrem: "fraternidade e amizade social".

- Termino a oração com um colóquio íntimo com Jesus: que estou aprendendo com Jesus sobre o mistério da vida? Que iluminações estou recebendo, que sentimentos estão me habitando, que apelos estão brotando para ser um/a discípulo/a mais comprometido/a com os sofredores? Em seguida, registro algumas anotações no meu diário.

Terça-feira
da Primeira Semana da Quaresma

Pai-Nosso
Is 55,10-11 | Sl 33(34) | Mt 6,7-15

- Comece sua oração com um breve exercício de interiorização e concentração: é no seu interior que habita a Verdade de Deus. Deus não está lá no alto, distante, longínquo, mas tão próximo: "se alguém me ama, viremos a Ele e faremos nele a nossa morada". Cada cristão/ã é um templo de Deus. Descubra-o aí, no coração.

Um dos bons presentes que Jesus nos deixou foi a oração do Pai-Nosso que é a invocação mais sublime de Deus. No entanto, essa oração, sempre repetida pelos cristãos, pode tornar-se uma reza rotineira, palavras repetidas mecanicamente, sem de fato elevar o coração a Deus. Nessa oração se encerra toda a vida de Jesus.

Pai nosso: É o primeiro grito que brota do coração humano quando vive habitado pela fé em Deus e por uma confiança plena em seu amor criador. Trata-se de um grito no plural a quem é Pai de todos. Uma invocação que nos enraíza na fraternidade universal e nos torna responsáveis perante todos os outros: "somos todos irmãos e irmãs".

Santificado seja o vosso nome: esta petição é a alma de toda esta oração de Jesus, sua aspiração suprema: que o nome de Deus, seu mistério insondável, seu amor e sua força salvadora se manifestem em toda a sua glória, a partir do compromisso de colaborarmos com nossa própria vida, para que essa aspiração de Jesus aconteça em nossa história, como o próprio Jesus o fez.

Venha a nós o vosso reino: que não reinem no mundo a violência e o ódio destruidor, mas que reinem Deus, sua justiça e seu amor; que não reinem os poderosos sobre os mais fracos, os homens sobre as mulheres, os ricos sobre os pobres. Que se abram caminhos para a paz, o perdão e a verdadeira libertação.

Seja feita a vossa vontade: Que ela não encontre tanto obstáculo e resistência em nós. A vontade de Deus foi revelada no mandamento do amor "amar a Deus sobre todas as coisas e ao próximo como a si mesmo". Que minha vida — e a vida da humanidade — seja, enfim, uma busca sincera de realizar essa vontade de Deus, em nossa história.

O pão nosso de cada dia nos dai hoje: o pão e aquilo de que necessitamos para viver de maneira digna, não só nós, mas todos os homens e mulheres da terra. Que não nos falte também o pão da palavra de Deus que alimenta o nosso espírito e o pão eucarístico que nos alimenta para a vida eterna: "quem come deste pão viverá eternamente".

Perdoai nossas ofensas: O mundo precisa do perdão de Deus. Nós, seres humanos só podemos viver pedindo perdão e perdoando. Quem renuncia à vingança, a partir de uma atitude aberta ao perdão, assemelha-se a Deus, o Pai Bom que não se cansa de perdoar.

Não nos deixeis cair na tentação: Outra tradução diz "não nos deixeis sucumbir à prova final", uma vez que não se trata das pequenas tentações de cada dia, mas da grande tentação de abandonar a Deus, esquecer o evangelho de Jesus e seguir um caminho errado e de perdição. Este grito de socorro fica ressoando em nossa vida: **Deus está conosco diante de todo mal e do Maligno.**

- Terminando a oração, reze agora o "Pai-Nosso", bem devagar, saboreando cada palavra e, em seguida, faça no seu caderno algumas anotações sobre o que foi mais significativo para você, no seu relacionamento com as Pessoas Divinas, o Pai, o Filho e o Espírito Santo.

Quarta-feira
da Primeira Semana da Quaresma

O sinal de Jonas
Jn 3,1-10 | Sl 50(51) | Lc 11,29-32

No Antigo Testamento, Deus fizera uma promessa de no futuro enviar um profeta (messias) como Moisés (cf. Dt 18,15-19). Os israelitas viviam voltados para o futuro na expectativa da vinda desse profeta.

Deus se revelara ao povo em meio a sinais extraordinários e portentosos como a libertação da escravidão do Egito, a travessia do Mar Vermelho, a aliança no Horeb em meio a trovões e fogo, o maná, a água brotando da rocha... Outros sinais extraordinários aconteciam pela invocação dos profetas, como Elias, que fazia o fogo baixar do Céu...

Depois do reinado de Davi, que exerceu a realeza de acordo com os desígnios de Deus, a expectativa do messias centrou-se na figura de um rei, descendente de Davi, de extraordinário poder e majestade que, na força de Deus, eliminaria do mundo os pecadores, os malvados e os ímpios e instauraria com os justos o Reino de Deus na terra.

Além disso, os apocalipses do Antigo Testamento acrescentavam que a chegada do messias seria marcada por sinais prodigiosos nos astros e nas estrelas e comoções na terra, e, mesmo segundo alguns, que ele cairia do céu e ninguém saberia sua origem.

Ora, o Messias vem de uma maneira desconcertante: encarna-se no seio de uma jovem humilde e desconhecida do mundo, que vive numa pequenina aldeia, Nazaré, na periferia do grande império romano. Nasce em extrema pobreza, num curral, entre animais, porque não havia lugar para ele nas hospedarias... em seguida, passa trinta anos trabalhando como um operário carpinteiro para sustentar a si e sua mãe. Nunca frequentou as escolas dos rabinos que davam cursos sobre as Sagradas Escrituras.

Quando sai para sua vida pública, permanece entre os pobres e sofredores da Galileia, sem nenhum poder econômico, político ou religioso (não pertencia às elites religiosas do templo de Jerusalém).

Os sinais que Jesus dará encontram-se na sua nova maneira de viver a vida e nos seus ensinamentos: vive como um pobre, num amor excessivo por todos, uma compaixão imensa para com todos os que sofrem: os doentes, os pecadores, os endemoninhados, os excluídos da convivência humana e das sinagogas... Jesus irradia vida, amor, paz, perdão, compaixão, convocando a todos para uma conversão, a uma nova maneira de viver a vida. Ensina com autoridade e seus ensinamentos são novos, profundos e ao mesmo tempo acessíveis a todos. Vive o que ensina e ensina o que vive: ninguém pode acusá-lo de hipocrisia.

O povo simples, pobre e sofrido da Galileia acolhe Jesus e se põe a escutá-lo e segui-lo. Por outro lado, os doutores da lei, os fariseus e saduceus, os rabinos e sacerdotes do templo, para acreditar que Jesus é o messias prometido por Deus, exigem que ele opere sinais extraordinários e portentosos, que ele, como Elias, faça descer o fogo do céu ou coisas semelhantes. Jesus, porém, se recusa: pelo seu modo de viver a vida e pelos seus ensinamentos Ele é o SINAL, a imagem do Deus invisível, revelando-nos que o Pai é amor, compaixão, um Deus modesto e humilde, que se coloca a nosso serviço, lavando nossos pés; que Deus não é ameaça nenhuma para nós e que não vem para eliminar ninguém, mas para salvar.

Não reconhecendo esse humilde carpinteiro da Galileia, que nunca frequentou as escolas dos rabinos em Jerusalém como o messias prometido, irão odiá-lo, persegui-lo e condená-lo à morte de cruz.

Jesus, porém, refere-se a um sinal, o sinal do profeta Jonas: assim como Jonas passou três dias e três noites no ventre de uma baleia e sobreviveu para cumprir sua missão em Nínive, assim Jesus passará três dias no ventre da terra, para ressuscitar no terceiro dia e continuar para sempre sua missão salvadora da humanidade. A ressurreição de Jesus, de fato, é o sinal mais extraordinário, maravilhoso e sublime que Deus poderia dar-nos, porque ele é o que dá sentido pleno à nossa vida.

Nós, os cristãos, somos os continuadores da missão de Cristo. Que sinal nossa vida de cristãos/ãs revela Deus para o mundo do século XXI? Que pessoas você conhece, sobre as quais você pode dizer: Deus deve ser parecido com você, porque sinto em você uma bondade tão grande, um amor e uma acolhida para com todos, uma compaixão pelos sofredores, uma confiança no futuro, uma paz irradiante, uma alegria de viver... você me fala de Deus pela sua vida. Seria muito triste se alguém nos dissesse: acho que Deus não se parece nada com você porque sua vida é... o oposto das bem-aventuranças e do sermão da montanha. É no meio de nossa vida ordinária de cada dia que devemos sentir Deus como um Deus Bom.

- Terminando sua meditação com um colóquio de ação de graças por sua vida já ser um sinal de Deus para muitas pessoas, examine-se em que pontos você poderia melhorar para ser ainda mais uma testemunha transparente de Jesus no seu ambiente de vida... Faça algumas anotações breves no seu caderno de vida.

Quinta-feira
da Primeira Semana da Quaresma

"Quem de vós dá ao filho uma pedra, quando ele pede um pão?"
(Est 4,3-4.12-14; Sl 137(138); Mt 7,7-12)

A liturgia da Palavra hoje nos chama a ver como está nossa vida de oração. Um personagem em destaque é Ester. Escolhida por Assuelo para ser sua rainha, ela se encontra em uma situação dramática e desafiadora: o príncipe Amã armou uma trama para que o rei mandasse exterminar os judeus do seu reino. A rainha quer interceder por seu povo, mas para isso se expõe ao perigo de morte, por dois motivos: ela era judia e o rei não sabia desse fato; e quem se aproximasse do átrio real sem ser chamado pelo rei, era condenado à morte.

É nessa situação que encontramos a oração confiante da rainha Ester. Ela busca refúgio no Senhor, a quem suplica que venha em socorro da sua orfandade e que lhe dê palavras atraentes quando, desamparada, estiver diante do leão que é o rei poderoso. Ela sabe que só Deus pode socorrê-la.

A oração de Ester é atendida. Não é uma oração autocentrada, de quem busca benefícios para si, mas de quem põe em risco a própria vida para salvar o seu povo. Sua oração é do coração humilde e confiante – ela prostrou-se com reverência diante de Deus –, de quem suplica a graça de poder ajudar fraternalmente os mais vulneráveis.

No Evangelho, Jesus apresenta um critério fundamental de autenticidade da oração: "Tudo quanto quereis que os outros vos façam, fazei também a eles. Nisso consiste a Lei e os Profetas". A oração autêntica gera sempre um coração fraterno e solidário. De nada adianta dizer em alta voz que Deus está acima de tudo, erguer os braços e a voz em oração, se isso não nos leva a ser fraternos, a respeitar a vida, a trabalhar em favor da vida, da justiça e da paz.

Um último ponto. Tem gente que diz que pede a Deus e não é atendida: pede, procura, bate à porta do coração de Deus, insiste, mas não é atendida. É importante perguntar-se: o que estou pedindo? O que estou procurando? Peço e busco com sabedoria? Sim, porque muitas vezes Deus, na sua infinita bondade e providência, já nos deu muito pão e muito peixe.

Mas eu não peço com sabedoria e, por isso, estou pedindo pedras e cobras, em uma oração autocentrada... E o Deus bondoso e providente já disse que jamais dará essas coisas aos seus filhos e filhas.

Escolho um dos textos para a minha oração. Depois de fazer os costumeiros passos preparatórios, leio o texto pausadamente uma, duas ou três vezes. Paro naquelas palavras que mais me tocam. Deixo-me questionar pela Palavra de Deus: como está minha oração? É uma oração confiante e humilde? Ela me leva a cuidar dos outros e a promover a fraternidade?

Durante a oração peço insistentemente a graça desejada. Ao final, rezo pausadamente o Pai-Nosso e anoto o que foi significativo na oração.

Sexta-feira
da Primeira Semana da Quaresma

"Se a vossa justiça não for maior que a dos fariseus..."
Ez 18,21-28 | Sl 129(130) | Mt 5,20-26

- Nunca se esqueça de, no início de sua oração diária, observar o indicado no nº 4 da Introdução: "Como fazer a oração pessoal diária". É importante, no início, tranquilizar-se, voltar seu olhar para seu interior, onde se encontra a pérola preciosa, onde habita Aquele que o/a ama incondicionalmente.

Em que consiste a lei de Deus para os escribas e fariseus? A lei de Deus, revelada no Antigo Testamento, eram os dez mandamentos, que foram resumidos, ainda no Antigo Testamento em dois: "amar a Deus e ao próximo". Jesus vai afirmar que desses dois mandamentos dependem toda a lei de Moisés e o ensinamento dos profetas (cf. Mt 22,40). O eixo de nossa existência cristã é a nossa opção fundamental pelo amor a Deus e ao próximo.

Acontece que Israel ao longo de sua história foi acrescentando outras leis, como exigências mais detalhadas dos dez mandamentos, chegando a 613 novas prescrições ou proibições, onerando a consciência do povo que, desse modo, se considerava pecador, que tinha perdido as bênçãos de Deus e por isso era castigado por Ele com doenças, miséria, fome...

Jesus, com uma palavra, vai abolir os 613 preceitos ou proibições, por serem apenas tradições humanas e não vontade de Deus (cf. Mc 7,1-13).

Os fariseus e escribas se preocupavam em observar rigorosamente os 613 preceitos ou proibições, mas descuidavam do amor ao próximo e da justiça, sendo os típicos representantes de uma espiritualidade legalista, distante da realidade humana, tornando-se frios e insensíveis à dor, ao sofrimento e às fraquezas dos outros e tornando-se também juízes dos comportamentos do povo pobre e sofredor. Eles cumpriam escrupulosamente a lei, porém, só externamente, para serem vistos pelos outros como santos. Isso não os fazia melhores, mas mesquinhos, orgulhosos e hipócritas (cf. Lc 18,9-14).

Jesus busca a vontade de Deus a partir de outra experiência, ou seja, procurando abrir caminho entre os homens e mulheres para construir com eles e elas um mundo mais justo, fraterno e compassivo. Isso muda tudo. A lei já não é o critério decisivo para saber o que Deus espera de nós; o primeiro é "buscar o Reino de Deus e a sua justiça" (Mt 6,33). Sempre temos de ir além da letra, da pura formulação, até descobrir o espírito da lei, porque "a letra mata, o Espírito comunica a vida" (2Cor 3,6). Tenhamos sempre cuidado e desconfiança de uma leitura fundamentalista das Escrituras Sagradas.

É importante que haja leis e normas nas religiões e na sociedade civil, para marcar a identidade de uma instituição religiosa ou de uma nação e impedir que nossa convivência se torne um caos ou um inferno. Podemos, porém, compará-las com uma muleta ou um andador, pois, caso estejamos enfraquecidos, debilitados ou mancos, nos dá segurança no andar e nos impede de cair e levar tombos graves. Podemos precisar deles por um bom tempo, mas no dia em que nos recuperamos, muletas se tornam um estorvo e, se quisermos correr, o andador torna a corrida impossível.

Assim, na medida em que, com a graça do Espírito Santo, aprendermos a amar como Jesus nos amou, saindo do nosso amor-próprio, do nosso próprio querer e interesse, não precisaremos de apoios externos, de leis e normas, porque estaremos enraizados no amor e livres para em tudo amar e servir: "O vento sopra onde quer, mas não sabes de onde vem, nem para onde vai; assim acontece com todo aquele que nasceu do Espírito. (Jo 3,8). A lei do cristão é a lei do amor, do amor concreto que se traduz em fazer sempre o bem a todos, até ao inimigo.

Assim viveu Jesus, amou a Deus seu Pai, e também a nós, até o extremo, mantendo uma coerência total entre o que ensinava e o que vivia. Ninguém podia jamais acusá-lo de hipocrisia. Jesus dizia aos escribas e fariseus, e talvez a nós também: "guias cegos, vós filtrais o mosquito e engolis o camelo" (Mt 23,24).

- Termino a oração com um colóquio de agradecimento pela graça de conhecer, amar e querer seguir sempre mais de perto o Jesus histórico que, com sua vida, me ensinou a amar e ter compaixão pelos sofredores.

Sábado
da Primeira Semana da Quaresma

Oração de Repetição

A oração de repetição não significa "fazer de novo" algum dos exercícios já feitos durante a semana, mas fazer um resumo, ou uma síntese das experiências mais significativas, essenciais e iluminativas que marcaram sua percepção do mistério da vida, do mistério de Deus, do mundo e de si mesmo/a.

Repetir é reconhecer os dons recebidos de Deus, é agradecer por eles, valorizá-los e assumi-los como próprios. É prestar atenção às lições de Deus, às marcas de Deus no coração.

Como fazer a oração de repetição

- Pacifico-me e entro na oração como de costume: o silenciar o coração, o gesto de acatamento e reverência, a oração preparatória, o pedido da graça...
- Em seguida percorro cuidadosamente o que recordo dos tempos de oração da semana que passou.
- Isso significa: *recordo* (visito de novo aquilo que o coração guardou): "O que Deus gravou no meu coração".
- Converso com o Senhor o que a recordação me sugerir, com pedidos e louvores.

- Dou graças pelos frutos recebidos ao longo da semana e que terão impacto no meu modo de viver.
- Verifico que novos pensamentos e sentimentos surgem em mim ao fazer essa repetição, essa memória das orações da semana.
- Anoto o que foi mais importante na experiência da semana que passou.

Anotações Espirituais

Segunda Semana da Quaresma

Pe. Adroaldo Palaoro, SJ

"Em verdade vos digo: todas as vezes que fizestes isso a um destes mais pequeninos, que são meus irmãos, foi a mim que o fizestes."
(Mt 25,40)

Utilize este QR CODE para assistir ao vídeo com as orientações sobre as orações desta semana.

Introdução

Quaresma: tempo litúrgico forte de reconstrução de si e da comunidade; **tempo** que coloca em questão a razão de ser da vida — **para que vivemos? Sobre que está fundamentada a nossa vida? Para onde caminhamos?**

Nesse sentido dizemos que **quaresma** é um tempo forte de *conversão;* para isso ela tem sua linguagem, sua celebração, seus exercícios e seus ritos de conversão...

Mas a *conversão* não é simples mudança exterior no modo de ser e agir, e sim, *"mudança de senhor";* quaresma é tempo forte para consultar o interior e verificar qual é o *"senhor"* que move o nosso coração. É neste contexto de *conversão* que se situam as práticas quaresmais: **oração, jejum** e **esmola**. Através de uma vivência mais radical dessas práticas começa a acontecer um deslocamento dos *"falsos senhores"* que habitam o nosso coração e, ao mesmo tempo, amplia-se o espaço interior para a presença e ação do "verdadeiro Senhor".

Nesse sentido, nossa **quaresma** torna-se um *"estar com Jesus"* para, como Ele, dar a Deus o lugar central de nossa vida. A **quaresma** é um tempo em que damos maior liberdade a Deus para agir em nós; é abrir espaço, alargar o coração para a ação de Deus. É tempo de re-construção pessoal (conversão), de retomada da opção fundamental por Deus e pelo seu **Reino** (maior serviço, mais compaixão, mais partilha, mais solidariedade...).

Ao mesmo tempo, a liturgia quaresmal nos inspira a re-construir nossos laços comunitários rompidos, a superar nossa indiferença e intolerância frente aos outros, sobretudo às minorias marginalizadas. Por isso, o lema da Campanha da Fraternidade deste ano (*"Vós todos sois irmãos e irmãs"*) nos sensibiliza para a vivência fraterna; afinal, somos seguidores(as) de Jesus, mas em **comunidade.**

A graça da semana:

Suplico a graça de que eu possa conhecer-me mais a fundo, tomar consciência de tudo o que me atrofia e limita a minha vida e, com a ajuda de Deus, remover todos os obstáculos que impedem uma vida mais fraterna.

Domingo
da Segunda Semana da Quaresma

"Ali transfigurou-se diante deles."
Gn 22,1-2.10-18 | Sl 115(116) | Rm 8,31b-34 | Mc 9,2-10

- Antes de "entrar" em oração, dedique especial atenção à preparação do ambiente externo e interno: lugar favorável, posição corporal, pacificação através da respiração, fazer-se presente diante do Deus presente...
- Leia com "sabor" o Evangelho deste domingo; lembre dos preâmbulos: composição vendo o lugar, pedir a graça.
- Mobilize sua imaginação para fazer uma contemplação; leia os "pontos" abaixo como ajuda.

No 2º. domingo da Quaresma de cada ano, a liturgia nos convida a subir o **Monte da Transfiguração** para "contemplar Jesus por dentro", para conhecer seu coração, seus desejos mais íntimos, seus dinamismos de vida... enfim, o desvelamento da sua interioridade. Ao mesmo tempo, diante de Jesus transfigurado, temos também a ocasião privilegiada para nos "olhar" por dentro e descobrir nossa verdadeira identidade.

A **Transfiguração de Jesus** é revelação das muitas "experiências de transfiguração" que todos experimentamos. A vida diária tende a fazer-se rotineira, monótona, cansada, deixando-nos desanimados, sem forças para caminhar. Mas, eis que surgem momentos especiais, com frequência inesperados, em que uma luz desperta nosso interior, e os olhos do coração nos permitem ver muito mais longe e muito mais profundo do que estávamos vendo até esse momento. A realidade é a mesma, mas aparece transfigurada para nós, revelando seu mistério interior, aquilo que nossos olhos não percebem.

Uma pessoa transfigurada é alguém que vê o que todo mundo vê, mas de maneira diferente; seu olhar contemplativo capta outra dimensão, que se esconde aos olhares superficiais e frios.

Uma pessoa transfigurada é alguém que percebe o que é mais nobre e divino no interior do outro e vibra com isso; por isso, tem facilidade para viver relações sadias, construir comunhão, viver a fraternidade: "Vós todos sois irmãos e irmãs!".

Todos carecemos dessas experiências, para que nossa vida tenha outra inspiração, assim como os discípulos de Jesus precisaram desse momento da transfiguração para que, num relance, tivessem a nítida certeza de que Ele era a "transparência do Pai" e eles próprios se sentissem confirmados no seguimento.

Hoje precisamos buscar nosso **Tabor interior,** onde brilha a luz que nos faz "diáfanos" (transparentes), onde se encontram as forças criativas que sustentarão nosso compromisso, onde ouviremos a Voz que confirmará nossa filiação: *"este é meu filho amado", "esta é minha filha amada".*

Da transfiguração interior a uma presença que transfigura a realidade na qual vivemos: essa é a travessia pascal. Não podemos permanecer no "monte", isolados e acomodados, mas é preciso "descer" à vida cotidiana, com todos os seus conflitos, e viver ali o que *"temos visto e ouvido",* a partir de uma atitude de bondade, compaixão e serviço.

A **"Transfiguração"** desperta em nós um novo *"olhar"* para percebermos, com mais nitidez e intensidade, os **lugares** por onde transitamos, uma nova disposição para dar sentido e valor às relações cotidianas, uma presença solidária para nos colocar no lugar do outro, uma nova sensibilidade para *"ver"* a Presença d'Aquele que se "deixa transparecer" em todos os "Tabores" da vida.

Despojando-nos daquilo que nos desfigura, busquemos o que nos transfigura, o que mais nos humaniza e nos diviniza. É possível que, ao contemplar nosso coração, nos deparemos com muitas surpresas que jamais imaginamos.

- Agora, com a imaginação, faça-se presente no Monte Tabor, deixando-se iluminar pela luz que procede do interior de Jesus. Deixe que a luz d'Ele faça transparecer o que é mais nobre e divino em seu coração.
- Olhe, escute, observe; deixe-se envolver pela serenidade e silêncio do Monte Tabor.
- Converse com Jesus sobre este momento tão revelador.
- Dê graças por este momento especial; registre no caderno de vida seus sentimentos mais elevados (moções).

Segunda-feira
da Segunda Semana da Quaresma

"Sede misericordiosos como vosso Pai é misericordioso."
Dn 9,4-10 | Sl 78(79) | Lc 6,36-38

- Comece sempre sua oração alimentando um profundo desejo de "estar com o Senhor"; para isso, é importante caprichar na preparação (passos para a oração, composição vendo o lugar, petição da graça...)
- Faça a oração preparatória, ou seja, entregue ao Senhor tudo o que vai acontecer na oração (que suas intenções, ações e operações sejam puramente ordenadas ao serviço e louvor de Deus).
- Leia com calma o Evangelho deste dia; leia também as indicações abaixo como ajuda para "entrar" em diálogo com o Senhor.

O Evangelho deste dia nos situa diante da experiência central em nossa fé: **Deus é misericórdia** e nossa vocação cristã é **viver misericordiosamente**.

Em sua **misericórdia**, Deus sempre nos surpreende, sempre excede nossas estreitas expectativas para abrir caminho a partir de nossas fragilidades. Só o **amor misericordioso** de Deus nos reconstrói por dentro, destrava nosso coração e nos move em direção a horizontes maiores de busca, responsabilidade e compromisso.

Duas razões que deveriam estar presentes em quem se diz cristão, algo tão natural no seguimento de Jesus Cristo: **alegria** pela experiência de que Deus nos ama com um coração misericordioso e **misericórdia** como conduta libertadora que nasce de tal experiência. Aqui nos encontramos envolvidos por uma mensagem que é essencial e decisiva no nosso "ser cristão". Sem a misericórdia não é possível viver relações fraternas; só no ambiente misericordioso é possível "ser irmão e irmã".

A **misericórdia** é o "atributo primeiro" de Deus, proclamado por todas as religiões e que deve inspirar o modo de proceder de todo ser humano. E — por que não dizer? — também no campo da política ou da gestão da vida pública, com todas as suas instituições, partidos, programas e conferências climáticas. Ai das políticas sem entranhas, sem alma, sem misericórdia!

A **misericórdia** é a luz e a chave de nossa vida, tão preciosa e frágil, de nosso pequeno planeta tão vulnerável, do universo imenso e interrelacionado e do qual fazemos parte.

Misericórdia, segundo sua etimologia, significa "entranha", coração, ternura diante da fragilidade e miséria do outro. Por isso é um dos nomes mais belos de Deus; é o mesmo que dizer "coração da Vida" e de tudo quanto existe.

A força criativa da misericórdia de Deus põe em movimento os grandes **dinamismos** de nossa vida; debaixo do modo paralisado e petrificado de viver, existe uma possibilidade de **vida nova** nunca ativada.

Se recuperarmos as atitudes de misericórdia e compaixão, teremos entrado na vivência essencial do Evangelho. O decisivo é que a Igreja toda se deixe reger pelo **"Princípio-Misericórdia"**, sem ficar reduzida simplesmente a cumprir normas ou seguir ritos.

À imagem do **Deus de Misericórdia** fomos criados, e somos seres capazes e necessitados de misericórdia. Uma faísca da misericórdia de Deus está presente no interior de cada ser humano, reflexo dessa "forma suprema de ternura" que é o Amor de Deus.

Em outras palavras, se Deus não se revelasse como **"misericórdia"**, não poderia ser amado pela pessoa humana como se ama o pai ou a mãe.

Deus misericordioso nos educa e nos impulsiona a viver misericordiosamente. Sua misericórdia penetra até o mais profundo de nosso ser, individual e comunitário, para que pensemos, falemos, escutemos e atuemos misericordiosamente. *"Oxalá vos sintais sempre misericordiados, para serdes, por sua vez, misericordiosos"* (Papa Francisco).

- A experiência da oração implica escancarar as portas de nossa interioridade, abrindo passagem para que a Misericórdia divina transite com liberdade pelos recantos escondidos e sombrios, ativando e despertando dinamismos e recursos que ainda não tiveram oportunidade de se expressar.

- O atual contexto social-político-cultural-religioso revela sua terrível face desumanizadora através da cultura do ódio, da intolerância, das mentiras... Como você, seguidor(a) de Jesus, tem reagido diante disso? Sua presença tem a marca da misericórdia ou da indiferença? Está a serviço da vida ou da morte?

- Abra o seu coração à presença misericordiosa de Deus; entre em profundo diálogo com Ele; deixe vir à memória os momentos em que você foi presença misericordiosa ou acolheu a misericórdia dos outros.
- A misericórdia sempre desperta gratidão: expresse, com palavras, sua ação de graças.
- No final da oração, examine: por onde passou o Senhor? Que apelos brotaram do seu coração?
- Registre no seu caderno os sentimentos mais nobres e os pensamentos mais elevados.

Terça-feira
da Segunda Semana da Quaresma

"Eles falam, mas não fazem."

Is 1,16-20 | Sl 49(50) | Mt 23,1-12

- A oração não pode ser improvisada; a preparação para a intimidade com o Senhor é decisiva; por isso, dedique tempo para "aquecer" o ambiente interior: passos para a oração, a oração preparatória, os preâmbulos...
- Leia pausadamente o Evangelho deste dia, deixando-o "ressoar" em seu interior.
- Repasse os "pontos" abaixo para alimentar seu tempo de oração.

A **Quaresma** nos ajuda a tomar consciência de "falsos senhores" que envenenam nossas vidas e nos levam a romper os laços de comunhão com os outros e com Deus.

Vamos hoje, na oração, considerar um deles: o **"farisaísmo"**.

De uma maneira ou de outra, todos carregamos um **fariseu** dentro de nós. Os **fariseus** não são uma peça de museu ou uma recordação do passado; eles continuam vivendo entre nós e em cada um de nós. É um tipo de pessoa que se reproduz continuamente, e o contexto religioso de hoje é propício para a proliferação de **fariseus** e o retorno de uma religiosidade marcada por observâncias, cerimônias, ritualismos, moralismos, centrados na busca de títulos e de dignidades...

O **fariseu** vive uma religião que o leva a centrar-se em si mesmo, ou seja, uma religião na qual o único interesse é a fiel observância das leis e tradições. De maneira que, em função disso, torna-se o juiz dos demais. E, se necessário, despreza todo aquele que não consegue ser fiel na observância das normas e costumes que a religião impõe. Isso quer dizer que a **religião** do fariseu é uma religião egocêntrica, que o fecha dentro de suas próprias observâncias, seus comportamentos, seus ritualismos, suas ideias e suas preocupações.

E o pior de tudo é que ele vê tudo isso como graça de Deus.

Um indivíduo assim tem motivos sérios para sentir-se *orgulhoso*.

O *"orgulho religioso"* coloca o indivíduo num pedestal de superioridade a partir do qual olha a todos com desprezo. Tal orgulho é incompatível com a fé em Deus. O que lhes interessa é brilhar diante dos outros; a única coisa que os preocupa é sua boa imagem diante das pessoas: querem ser vistos, apreciados, louvados. Não têm outro Deus a não ser eles mesmos.

Jesus desmascara a ideia que os fariseus tinham de Deus e põe às claras o *"farisaísmo"* que manipula Deus, nos desumaniza e desumaniza os outros.

Para o fariseu, a **"imagem de Deus"** não está centrada na misericórdia, mas no juiz implacável com os pecadores, ameaçando-os com o inferno. Daqui surge a ideia de um Deus severo, ameaçador, vingativo, inimigo da vida. Um Deus assim causa um medo aterrador.

E, como consequência, tal visão falsa de Deus envenena a convivência de uns com os outros, criando divisões, suspeitas, pré-juízos, situações violentas, exclusão... E tudo isto com um refinamento de hipocrisia.

Quem quiser alcançar uma vida feliz e fraterna, a primeira coisa que precisa fazer é "arrancar" o **fariseu** que carrega dentro de si. Enquanto não fizer isso, viverá a pressão destruidora dos sentimentos de culpa, do medo, do moralismo, do julgamento.

- Diante do Deus misericordioso, seja transparente e deixe vir à memória os sinais de "farisaísmo" presentes na sua relação com os outros.
- Qual é a imagem de Deus que você revela aos outros? É a imagem do "deus dos fariseus" ou do "Deus de Jesus"?
- Entre em diálogo profundo com o Senhor, louvando, agradecendo, suplicando...

- Faça uma avaliação da oração, dando especial atenção aos **sentimentos**: *paz, alegria, inspiração, aridez, inquietação, secura, luz...* (**consolação** ou **desolação**).
- Registre no seu caderno as "marcas" deixadas por Deus no seu coração.

Quarta-feira
da Segunda Semana da Quaresma

"Quem quiser ser o maior entre vós, seja aquele que serve."
Jr 18,18-20 | Sl 30(31) | Mt 20,17-28

- Antes de entrar na oração, pergunte-se: aonde vou? Com quem vou me encontrar?
- Para encontrar-se com o Senhor é preciso "tirar as sandálias": esvaziar-se, pacificar-se...
- Para criar esse clima de encontro, ajuda muito dar importância aos passos para a oração, aos preâmbulos (composição vendo o lugar, pedido da graça...)
- Faça sua oblação, através da chamada "oração preparatória".
- Com o coração aquecido, leia e deixe ressoar as palavras de Jesus no Evangelho deste dia.
- Os "pontos para oração" indicados abaixo podem ajudar a preparar o terreno do coração.

O tempo da Quaresma vem "desmascarar" um desejo profundo e escondido em todos nós: a sedução do **poder**; ele é um "pecado de raiz" que gera divisão, solidão... e nos afasta da comunhão com os outros e do serviço solidário.

"**Ter poder**": essa expressão ecoa forte no coração humano. O **poder** deslumbra, ofusca e pode facilmente se tornar o centro da vida de um indivíduo. Seu brilho encanta e seduz; sua proposta é extremamente atraente; para muitos, ele é a suprema ambição. Na verdade, o **poder** é uma das forças mais sedutoras em todos os tempos, e que se expressa nas atitudes de dominar, manipular, subjugar para que tudo possa ser feito segundo o próprio gosto e os próprios interesses.

Não há ser humano que não tenha sido tentado pelo canto dessa sereia.

A cultura do **poder** suga o "espírito" da vida de uma comunidade, minando sua criatividade e fragilizando seus laços de convivência; o **poder** deteriora relacionamentos, resvalando para o terreno pantanoso da competição, da suspeita, da intriga. É o extremo de perversidade e de desvio do coração humano. O **poder** não constrói comunidade, pois a pessoa se cerca de subservientes que cumprem passivamente suas ordens.

A busca de poder, sobretudo o poder religioso, rompe os laços fraternos e impossibilita viver o apelo de Jesus: *"Vós sois todos irmãos e irmãs"*.

É do coração de Deus que vem a indicação do remédio para esse mal que sorrateiramente toma conta do coração humano e o endurece, produzindo os cenários de corrupção, mentiras e manipulações, impedindo a **vida** de desabrochar e crescer.

Jesus, com seu modo de viver, coloca-nos diante da tentação que nos ameaça: o gosto do poder, da comodidade, de querer ser como *"os chefes das nações e os grandes deste mundo"*.

Jesus despoja-se do **poder**; Ele tem **autoridade**: *"ensinava-lhes com autoridade e não como os escribas"*. E a **autoridade** de Jesus não tem nada a ver com o **poder** que se impõe ou a **liderança** que arrasta. O **poder** nunca é mediação para a libertação do ser humano.

Jesus revela sua **autoridade** ao fazer cada pessoa descobrir, em seu interior, uma força capaz de libertá-la radicalmente. A oferta de **vida nova** feita por Jesus permite comprovar que há no fundo de cada ser humano uma *força* criadora e criativa, que não há poder algum que possa destruí-la, nem sequer a morte.

Esta é a **autoridade** de Jesus que, a partir de sua profunda contemplação da vida, das pessoas, se compromete com os "impuros" e os "excluídos", para dar-lhes a boa notícia e desmascarar a mentira daqueles que decidem, com prepotência e dogmatismo, manipular a vida deles.

A **autoridade** de Jesus reconhece a riqueza e as possibilidades do outro. Ela anima, sustenta, desafia e toca aquilo que cada um tem de melhor em seu interior.

Por isso, Jesus, que foi tão tolerante com os seus discípulos em muitas coisas, neste ponto foi taxativo: *"aquele dentre vós que quiser ser o maior, seja o vosso servidor, e aquele que quiser ser o primeiro dentre vós, seja o servo de todos"*.

- No exercício silencioso desta oração, deixe-se habitar pelo Deus compassivo, para que você possa abrir as portas do seu coração e as janelas da sua mente, acolhendo a todos com bondade, sem espírito de rivalidade ou competição.
- Converse com o Senhor, como um amigo conversa com outro amigo: recorde situações em que a busca de poder esteve presente: na relação familiar, comunitária, profissional, eclesial...
- Termine a sua oração fazendo uma pequena avaliação.
- Responda: *"Como me senti na oração?"*. Dê nome aos sentimentos de consolação ou desolação. Registre o que foi mais nutriente e iluminador na sua oração.

Quinta-feira
da Segunda Semana da Quaresma

"Um pobre, chamado Lázaro, cheio de feridas, ficava sentado no chão junto à porta do rico."
Jr 17,5-10 | Sl 1 | Lc 16,19-31

- Antes de "entrar" em oração, prepare sua tenda interior: lugar de encontro e de intimidade com o Senhor. Ajuda muito ter um pequeno oratório na sua casa: a bíblia, vela acesa ou incenso, algum ícone...
- Exercite os passos para a oração (lugar, posição corporal, pacificação interior) e os preâmbulos (composição vendo o lugar, petição da graça).
- Leia a parábola do Evangelho indicada para este dia.
- Os "pontos" abaixo podem ajudar a "mergulhar" no sentido profundo da parábola.

Durante a **Quaresma** há um apelo constante a uma profunda **conversão**; e a **conversão** significa, justamente, orientar a cabeça e o coração para as "margens", ativar a compaixão, desenvolver uma sensibilidade solidária e assumir lutas em defesa da vida e da dignidade das pessoas excluídas.

O Evangelho deste dia nos traz uma parábola escandalosa e provocativa. A parábola do rico "epulão" e do pobre Lázaro nos inquieta e nos provoca incômodo, pois nos situa de novo diante da exigência do amor concreto e comprometido, como serviço ao próximo.

Na primeira parte do relato a ideia prevalente é de que tudo o que fazemos repercute nos outros: a situação de Lázaro é consequência do mal proceder daqueles que apodrecem em suas riquezas. Os pobres não existem "porque sim", mas por uma deficiente partilha dos bens e pela insensibilidade diante de quem é vítima de uma estrutura social e econômica perversa.

A cena revela-se ainda mais dramática, quando se considera que o pobre se chama **Lázaro**, que significa, literalmente, "Deus ajuda". Não se trata de uma pessoa anônima; ela tem um rosto e, como tal, é um dom, uma riqueza inestimável, um ser querido, amado, recordado por Deus, apesar da sua condição concreta ser a de um descarte humano.

A parábola põe em evidência, sem piedade, as contradições em que vive o rico. Este personagem, ao contrário do pobre Lázaro, não tem um nome, é qualificado apenas como "rico". A sua opulência manifesta-se nas roupas finas e no luxo exagerado. Assim, a riqueza deste homem é ofensiva, inclusive porque exibida habitualmente: *"Fazia todos os dias esplêndidos banquetes"*.

Lendo a parábola com atenção e cuidado, sentimos por dentro a verdade que ela revela, ou seja, quem faz da riqueza o seu "deus" acaba correndo o risco de transformar as relações pessoais num inferno. Esta parábola nos fala mais do presente que do "mais além"; fala de tudo o que podemos mudar desde agora para ter um futuro melhor: um verdadeiro banquete, onde a única riqueza seja o amor compartilhado.

A parábola denuncia o abismo vergonhoso entre os próprios seres humanos, alimentado pela fria indiferença diante do outro que passa penúria. Contra a indiferença, já advertia Martin Luther King: *"Quando refletimos sobre nosso século XX, o mais grave não parece ser as ações dos maus, mas o escandaloso silêncio dos bons"*.

Este "deus" da riqueza petrificou o coração do homem rico, esvaziou sua sensibilidade e sua humanidade; ficou sem entranhas de compaixão, pois ao seu redor já não existiam outras pessoas a não ser o seu ego fechado, isolado...

A parábola realça a distância espacial que separa Lázaro do rico ("um grande abismo"); mas, bastava abrir a **porta**.

Muitas vezes, as portas protegem do encontro com o diferente, blindam a individualidade e parecem ser itens indispensáveis à sobrevivência. Assim, o indivíduo se torna um prisioneiro de sua visão de mundo e fará de sua casa uma couraça que protege. A riqueza pode ser um grande portão que nos impede de ver o que há do outro lado; a púrpura e o linho podem ser um impedimento para ver os desnudos da rua; os banquetes podem obscurecer a capacidade de ver aqueles de estômago vazio, atirados à entrada do portão de casa.

- Diante do mundo da exclusão e da miséria, que sentimentos prevalecem em você: indiferença, compaixão, insensibilidade, espírito solidário...?
- re-corde (visite de novo com o coração) experiências de voluntariado, de presença solidária e de comunhão com os mais excluídos; que **sentimentos** experimentou? que **apelos** sentiu?
- Converse com o Senhor sobre o impacto profundo da parábola do pobre Lázaro.
- Faça um exame da oração: quais foram os **sentimentos** dominantes que acompanharam a oração? Registre-os.

Sexta-feira
da Segunda Semana da Quaresma

"Quando o dono da vinha voltar, o que fará com os vinhateiros?"
Gn 37,3-4.12-13.17-28 | Sl 104(105),16-21 | Mt 21,33-46

- Quando bem-preparada, a oração transforma a vida; por isso, não esqueça os passos para a oração, os preâmbulos e os pontos...

- Mobilize todas as potencialidades interiores para se aprofundar no sentido da parábola de hoje: ative a memória, mobilize o entendimento e aqueça o coração.
- Leia, saboreando lentamente, a parábola indicada para esta sexta-feira.
- Busque, nos pontos abaixo, inspiração para aquecer seu coração e entrar em diálogo com o Senhor.

Na visão bíblica, a **vinha** aparece sempre como aliada do ser humano; ela nos ensina a viver em harmonia com a água, com a terra e com todos os seres, numa relação de aliança.

A **vinha** é dada por Deus em função da **vida**. Ela deve, por isso, ser recebida como fecundidade, não como algo que é objeto de conquista e domínio.

Por isso, a vinha é sagrada e é lugar de contemplação e encontro íntimo com o Criador; ela é também o espaço da vivência fraternal do encontro, da partilha...

Somos todos chamados a *"trabalhar com"* o Criador, cuidando da Vinha, para que ela seja fecunda e alimente a alegria de todos. Aqui já não cabe mais nenhuma atitude de dominação, de exploração, de depredação e de posse.

O **cuidado** e a **beleza** da vinha impõem-se ao desejo consumista desenfreado, pois somos jardineiros e não exploradores.

A parábola de hoje revela que, quando as pessoas rompem a aliança com Deus e se afastam d'Ele, a **vinha** fica estéril. Quando uns poucos se apropriam dela como donos, ela passa a ser o lugar da espoliação, da devastação, da morte, e deixa de ser espaço para a convivência fraterna e solidária.

O drama do ser humano é não se sentir em comunhão em um todo maior e perder a memória de que é parte do todo; como uma teia, todas as expressões da vida estão interligadas, interconectadas.

"A terra não pode ser vendida para sempre, porque a terra é minha e vocês são inquilinos e hóspedes meus" (Lv 25,23). Dessa afirmação podemos deduzir claramente que o ser humano não é senhor da Vinha e não pode fazer com ela e com os outros seres aquilo que quiser.

Há um clamor generalizado que surge da realidade desafiadora enfrentada pela humanidade: o planeta **Terra** está gravemente enfermo. As consequências trágicas estão presentes por toda parte: degradação do meio ambiente, diminuição acelerada das fontes de água potável, desertificação, degelo das calotas polares com a consequente elevação do nível do mar, grande incidência de furacões e de queimadas, extinção de milhares de espécies de animais, escassez de alimento, proliferação de doenças, migrações forçadas...

Esvaziou-se a capacidade de assombro, de encantamento e de reverência diante da profundidade da vida; o ser humano já não é mais capaz de *"louvar, reverenciar e servir a Deus nosso Senhor"*.

Enfim, o desequilíbrio dos ecossistemas pode comprometer, de forma irreversível, todas as formas de vida sobre a terra.

Ferir a **vinha** é ferir o próprio Criador. Quando observamos vinhas outrora verdejantes e agora destruídas ou entulhadas de lixo, uma sensação de violação, de tragédia, quase de sacrilégio, se manifesta no nosso interior. E uma voz ecoa das profundezas da destruição: *"Que fizestes de minha vinha?"*.

O Evangelho nos dá a única alternativa possível ao desastre ecológico: fazer do **amor** a pedra angular. A primeira lei não é a superioridade do ser humano em relação à Terra. *"Tudo foi criado"* para uma imensa e cósmica solidariedade.

- Mobilize seus **sentidos** para ver, ouvir, tocar, sentir e saborear a **beleza** de nossa terra.
- Considere sua conexão com esta **beleza** e como ela lhe faz perceber o amor da Trindade ao cosmos, em constante evolução.
- Considere o novo sentimento de maravilha que cresce em seu coração e como dá novo sentido à sua missão de colaborador(a) no grande jardim do Criador.
- Numa atitude de gratidão converse com o "Senhor da vinha".
- Faça um breve exame da sua oração, tendo presente os sentimentos que vieram à tona.

Sábado
da Segunda Semana da Quaresma

Oração de Repetição

- **Repetir** é reconhecer os **dons** recebidos de Deus, é agradecer por eles, valorizá-los, assumi-los como próprios. É estar atento às *"lições"* de Deus, às *"marcas"* de Deus no coração.

- **Repetir** afina a *escuta* de Deus, dá tempo à Palavra para que ela se encarne, *"continue seu caminho em você"*. **Simplifica** sua oração e **decanta** seus sentimentos.

- A **repetição** ajuda a perceber as *constantes,* as *graças* de Deus (luzes, apelos...) e é através das constantes que se manifesta a **ação** e a **vontade** de Deus sobre você.

Ao mesmo tempo, ela lhe permite descobrir melhor o **essencial**, aquilo que o Senhor lhe quer comunicar.

Como se faz a oração de Repetição

- Pacifico-me e entro na oração como de costume: o gesto de acatamento e reverência, a oração preparatória, a composição vendo o lugar, o pedido da graça...

- Então, percorro cuidadosamente o que recordo dos tempos de oração da semana que passou.

- Isso significa: **recordo** (visito de novo aquilo que o coração guardou) *"o que Deus gravou no meu coração"*.

- Converso com o Senhor o que a recordação me sugerir, com pedidos e louvores...

- Dou graças pelos frutos recebidos ao longo da semana e que terão impacto no meu modo de viver.

- Anoto o que foi mais importante na experiência da semana que passou.

- Alimento novo ânimo para continuar o percurso quaresmal.

Anotações Espirituais

Terceira Semana da Quaresma

Pe. Rogério Barroso, SJ

"Quando ofereceres um almoço ou jantar, não convides teus amigos, nem teus irmãos, nem teus parentes, nem teus vizinhos ricos [...], mas convida os pobres, os aleijados, os coxos, os cegos."
(Lc 14,12-13)

Utilize este QR CODE para assistir ao vídeo com as orientações sobre as orações desta semana.

Introdução

O Deus e Pai de nosso Senhor Jesus Cristo comunica-nos *gratuitamente* a Vida. Esse é o fio condutor dos textos desta Terceira Semana.

Em vista disso, tenhamos presente a noção de "dom" e nossa relação com ele.

O dom, assim como o "perdão", rompe com a *economia da troca*. De fato, encontramos na raiz do verbo "doar" a expressão "dar *por nada*", isto é, "*sem intenção de retorno*". Todavia, o *reconhecimento* do dom recebido, espontaneamente, move-nos à *gratidão*, provocando-nos o desejo de doá-lo como *graça*. Esta é a nova "lei" instaurada pela *Nova Aliança*: "gratuitamente recebestes, gratuitamente dai" (Mt 10,8).

Ora, Deus é a Origem e a Fonte do Dom, que se nos revela em Jesus, como seu *Amor generoso*. Para nos conceder sua graça, Ele não exige de nós nenhum pagamento, nenhum sacrifício. O tempo da "negociação com os deuses" ficou — ou deveria ter ficado — num longínquo passado!

O reconhecimento do dom permite-nos afirmar, ainda, que a *ingratidão*, filha do egoísmo e da soberba, não tem guarida na espiritualidade e na vida cristã. Sobre a ingratidão, escreveu Santo Inácio: "ela é o menosprezo dos bens, das graças e dos dons recebidos, causa, princípio e origem de todos os males e pecados" (Carta a "Simão Rodrigues, 18 de março de 1542"). Sufocar a *graça* recebida, retendo-a para si — encerrando-a na ingratidão — é, portanto, em linguagem teológica, atitude "demoníaca", "infernal"!

> **A graça da semana:**
>
> Que Deus imprima em mim a imagem de Jesus,
> para que, amando-o, eu o siga e, gratuitamente,
> coloque-me a serviço da fraternidade e da amizade social.

Domingo
da Terceira Semana da Quaresma

"Não façais de minha casa uma casa de comércio."
Ex 20,1-17 | Sl 18(19) | 1Cor 1,22-25 | Jo 2,13-25

Para a **contemplação** de João 2,13-25, siga os passos já indicados no início deste livro. Quando fizer a **composição** vendo o lugar, trazer à memória o ambiente de uma *feira-livre* pode ajudar. O **pedido da graça** é o proposto para esta semana: *que Deus imprima em mim a imagem de Jesus, para que, amando-o, eu o siga e, gratuitamente, coloque-me a serviço da fraternidade e da amizade social.*

Com a *simplicidade do olhar*, como presente à cena, veja os personagens, ouça o que dizem, siga-os em seus gestos, sinta o que se passa em seu interior. Repare que, mais do que a *violência* (simbólica) da ação de Jesus, o que "coage" a todos no Templo é sua ousadia: desmantelar as suas relações equivocadas com Deus.

O evangelista viu, no *gesto simbólico* de Jesus, o cumprimento das profecias do Antigo Testamento que vaticinavam a irrupção de Deus na História como "Dia de Yahweh". Nele, manifestar-se-ia a "ira de Yahweh". Deus mesmo tomaria posse de sua casa, porque estava farto de sacrifícios vazios e irritantes, sem ressonância na vida. O culto, desvinculado da prática da justiça e da misericórdia, não diferia do *comércio da idolatria*. A relação com Deus, revelada por Jesus, não era compatível com as condutas antigas; sua abolição exigia, pois, o total *esvaziamento* do Templo.

Quando Jesus chega ao Templo, é surpreendido por um ambiente comercial. Aproveitando-se das prescrições para o culto, os cambistas estão as*sentados* como se fossem *donos* do lugar, os vendedores ofertam os animais permitidos para o sacrifício como se fossem simples *mercadorias*. O sentido do culto se reduz ao *mercado religioso* que o mantém. Nada ali é gratuito; mesmos os pobres, na impossibilidade de sacrificar bois ou ovelhas, devem oferecer dois pombos. É, de fato, a deturpação da própria razão de ser do Templo. Como vimos, a relação "toma lá dá cá" com o divino é própria dos "deuses pagãos"!

Jesus *põe fim aos sacrifícios de animais*, libertando-os. Com as cordas que os prendiam, faz um chicote, e expulsa todos do Templo, pessoas e animais. Esparrama as moedas dos cambistas, vira suas mesas, *desmontando o aparato financeiro* do culto. Mas Jesus tem *o cuidado* de não destruir as gaiolas com os pombos para não os ferir ou causar-lhes a morte. O novo culto a Deus não se faz com sacrifícios de animais, nem com dinheiro, mas em Espírito e Verdade.

As autoridades religiosas, vendo tudo, espantadas, não pedem à guarda do Templo para prendê-lo ou imobilizá-lo. Intuindo em sua ação um *gesto profético e messiânico*, vão até Jesus e lhe pedem credenciais: "que *sinal* nos mostras para fazeres isto"? Jesus lhes reponde, desafiando-as: rompei este templo e em três dias eu o elevarei. Elas não entendem o sentido da resposta; pensam conforme a lógica do tempo humano. Jesus, porém, fala do *Templo de Deus*, como *seu próprio Corpo ressuscitado*, gratuitamente dado, para que o ser humano retorne à comunhão com Deus. E, n'Ele, reconheça o princípio da fraternidade e da caridade.

Faça o colóquio, falando com Jesus sobre o que se passa em seu interior neste momento... Diga-lhe a imagem que você tem de Deus... sua relação com Ele... Não é mesmo *desconcertante* o fato de Deus *não nos exigir absolutamente nada*? E, no entanto, sentirmos que, justamente por isso, estamos sempre em *dívida* para com Ele?

Agradeça-lhe o dom de sua presença e despeça-se com uma oração vocal.

Anote o que mais a/o afetou durante a oração (imagem, palavra, gesto), qual moção provocou em si, como deseja responder ao dom recebido, qual ação corresponde melhor a esse desejo... como se sente agora, enquanto anota?

Segunda-feira
da Terceira Semana da Quaresma

"Levantaram-se e o expulsaram da cidade."
2Rs 5,1-15 | Sl 41(42) | Lc 4,24-30

O texto indicado para a oração, hoje, é o de **Lucas 4,24-30**, mas você precisa ler o início da cena (no versículo 16) para compreender o que ali se passa.

Os **passos para a contemplação** são os de costume. Tenha presente que a cena se passa em uma sinagoga, da qual Jesus foi expulso.

Com a *simplicidade do olhar*, como presente à cena, veja os personagens, ouça o que dizem, sinta como interiormente reagem à presença de Jesus...

Perceba que os conterrâneos de Jesus não lhe são hostis. Antes, ficam maravilhados com as palavras de graça que saem de sua boca, cheias da benevolência de Deus e de sabedoria. Dão-se conta de que o cumprimento da profecia de Isaías se realiza nas próprias palavras de Jesus. Ele mesmo está pregando o ano da graça anunciado pelo profeta. A sua origem ("o filho de José") causa-lhes surpresa; no entanto, alegram-se pensando que, *por direito*, seriam os primeiros destinatários do "hoje" da salvação trazida por Jesus. Querem milagres para si, mas Jesus lhes nega o monopólio e, sobretudo, a possessão de sua atividade messiânica. A atitude dos conterrâneos de Jesus muda, de fato, quando ele menciona os profetas Elias e Eliseu, que fizeram milagres, não a seus conterrâneos, mas a estrangeiros. Assim como a deles, a missão de Jesus é universal e destinada também aos pagãos. A partir desse momento, há uma reviravolta: seus conterrâneos deslocam-se, de sua tendência possessiva, para o sentimento de ódio. E quanto mais afeto possessivo se tem, mais violenta é sua reação contrária! Ora, como é próprio do ódio não se saciar nem se aquietar senão com o aniquilamento do inimigo, da admiração passa-se a uma cena de linchamento. Queriam lançá-lo do alto do monte! Essa hostilidade extrema, no entanto, não é capaz de deter Jesus. Ele segue com sua missão, fora de sua pátria, até seu destino final, em Jerusalém, quando a hostilidade lhe será fatal.

Faça o colóquio, falando com Jesus sobre o que se passa em seu interior neste momento... Você sente algum indício de "posse" em sua relação com Deus? Está disposta/o a abrir mão das graças, favores — "privilégios, mesmo que espirituais", inclusive — em favor das irmãs e irmãos que deles necessitam? Alegra-se em compartilhar os dons (espirituais e materiais!) recebidos?

Anote sua oração, como de hábito.

Terça-feira
da Terceira Semana da Quaresma

"Não devias tu também ter compaixão do teu companheiro?"
Dn 3,34-43 | Sl 24(25) | Mt 18,21-35

Faça, como de costume, os **passos para a contemplação**. A cena se passa em Cafarnaum, com Jesus caminhando com seus discípulos.

Com a *simplicidade do olhar*, como presente à cena, veja os personagens, ouça o que dizem, sinta como interiormente reagem à presença de Jesus...

A cena de **Mateus 18,21-35** se insere na seção em que Jesus fala da *correção fraterna*, da *concórdia na comunidade* como uma *sinfonia*, e de quanto a legitimidade da oração depende desse acordo comunitário. Pedro interroga Jesus sobre o *limite do perdão*, que lhe responde invocando *a medida sem medida do perdão*. Vimos que o "perdão" tem em comum com o "dom" o fato de romper com a *economia da troca*, e que a *ingratidão* sufoca o dom.

A parábola do rei *compassivo* e do servo ingrato ilustra o *perdão ilimitado e incondicional de Deus*.

A quantia que o servo devia ao rei era impagável. Ainda assim ele lhe pede paciência, isto é, um prazo para o pagamento. Dado que ele não tinha como pagá-lo, o rei, por direito, poderia vendê-lo como escravo, bem como sua esposa e filhos. Entretanto, não o faz; vendo o desespero do servo, *movido de compaixão, perdoa-lhe completamente* a dívida! Faz-lhe um dom, uma graça.

Ocorre que este mesmo servo tinha um companheiro que lhe devia extraordinariamente menos. O gesto e as palavras que o devedor lhe dirige são idênticos àqueles usados por ele no confronto com o rei. Ele — que tinha acabado de ser perdoado! — não faz caso da súplica do companheiro, não a quer escutar. Fez com que o lançassem na prisão. A generosidade *recebida* não se transformou em generosidade *doada*. Não houve mudança interior no servo perdoado. Ao contrário, sua *dívida* só aumentou. Os que presenciaram a cena, profundamente tristes, recorrem ao rei, que poderia sanar aquela injustiça. Na fala do rei ("não devias também tu compadecer-te de teu companheiro, como eu tive piedade de ti"?) ressoa o mandato de Jesus aos discípulos: "gratuitamente recebestes; gratuitamente dai" (Mt 10,8). E a história se inverte: do mesmo modo como tratou o companheiro, é agora tratado. Aqui ecoa um dos pedidos do Pai-Nosso: "perdoai-nos as nossas dívidas, assim como nós perdoamos nossos devedores".

Faça o colóquio, falando com Jesus sobre o que se passa em seu interior neste momento... A misericórdia com a qual Deus nos acolhe é para você modelo de ação? Você se sente portadora/or da misericórdia divina?

Anote sua oração, como de hábito.

Quarta-feira
da Terceira Semana da Quaresma

"Quem praticar e ensinar estes mandamentos será considerado grande no Reino dos céus."
Dt 4,5-9 | Sl 147(148) | Mt 5,17-19

O pano de fundo do ensinamento de Jesus, em **Mt 5,17-19**, são as bem-aventuranças. Jesus não apresenta a Lei segundo sua formulação tradicional "deves fazer isso", "não deves fazer aquilo", mas como *proposta de plenitude de Vida: bem-aventurança...* que significa: ter o necessário para ser feliz!

Ele afirma que os que praticam as bem-aventuranças são sal e luz; dão sabor e iluminam a vida dos outros; o serviço que lhes prestam é o da Vida. Eles fazem resplandecer a "glória" (as "obras") de Deus Pai. Continua atestando que seu anúncio não pretende a destruição da Lei e dos Profetas. Ao contrário, ele mesmo, com suas palavras e gestos, é o cumprimento da Aliança que Deus firmou com seu povo no Antigo Testamento. Esse cumprimento, agora, dá-se ao modo da vivência da Lei como *bem-aventuranças*: prática da solidariedade; da misericórdia; da construção da paz; da partilha; do empenho pela justiça... Quem pratica esses mandamentos, e os ensina, é considerado "grande", vale dizer, está totalmente comprometido com o Reino dos céus.

Para esta oração, siga os **passos para a meditação**, sentindo e saboreando internamente, os versículos propostos.

Faça o colóquio, falando com Jesus sobre o que se passa em seu interior neste momento... Você se abre ao Dom de Deus, com o Espírito recebido, que não é de escravidão, mas de filha/o, em liberdade e em gratuidade? **Anote** sua oração, como de hábito.

Quinta-feira
da Terceira Semana do Tempo Comum

"Quem não está comigo é contra mim."
Jr 7,23-28 | Sl 94(95) | Lc 11,14-23

Ao contrário dos conterrâneos de Jesus, que primeiro o acolhem e depois o hostilizam, esta passagem, de **Lucas 11,14-23**, apresenta-nos a rejeição a Jesus, e a seu ministério, por parte dos chefes de Israel. Na luta de Jesus contra Satanás, os chefes religiosos insistem em não reconhecer a presença do Reino de Deus. No Pai-Nosso, pedimos: "venha a nós o vosso Reino". A presença do Reino manifesta-se, agora, na atividade vitoriosa de Jesus contra as forças de Satanás.

Para a contemplação, faça a oração preparatória, a composição vendo o lugar, o pedido da graça, como de costume.

Com os olhos da imaginação, sempre na *simplicidade do olhar*, percorra a cena, que se divide em vários momentos: a) um exorcismo. Jesus expulsa um demônio. A multidão fica maravilhada; b) alguns dos chefes não negam o sucesso do exorcismo, mas acusam Jesus de ser conivente com Belzebu (falam à multidão, não a ele mesmo!); c) outros, para colocá-lo à prova, queriam que ele autenticasse sua ação messiânica com um sinal vindo de Deus; d) Jesus, conhecendo suas intenções hostis (desacreditá-lo diante da multidão), mostra-lhes como são insensatos. Ora, se um reino está dividido, numa luta interna, não pode ficar de pé! E, se eles não refutam outros "exorcistas", por que não admitem na ação de Jesus a força divina do Reino? Serão julgados em virtude de sua má vontade para reconhecer que não se trata apenas de mais um exorcismo, mas de como o Reino de Deus está já acontecendo na vitória de Jesus contra o Mal. Jesus prossegue, relatando-lhes em palavras, o que haviam presenciado: Satanás era o forte *vencido pelo mais forte*: Deus o expulsa através da ação de Jesus. Não reconhecer em Jesus a potência de Deus contra o Mal é já colocar-se ao lado do Mal!

Faça o colóquio, falando com Jesus sobre o que se passa em seu interior neste momento... Você tem confiado em Jesus como sendo *ele mais forte* do que o mal, o egoísmo, as tentações? Tem a certeza de que, com ele, podemos sempre "recolher", isto é, ajudar as pessoas a crerem que, n'Ele, as fraquezas não impedem a vitória?

Anote sua oração.

Sexta-feira
da Terceira Semana da Quaresma

"Amarás teu Deus [...] Amarás teu próximo como a ti mesmo."
Os 14,2-10 | Sl 80(81) | Mc 12,28-34

Para a contemplação, faça **a preparação da oração** como de costume, bem como a composição vendo o lugar (Jesus está no Templo) e o pedido da graça.

Com os olhos da imaginação, sempre na *simplicidade do olhar*, acompanhe o encontro de um escriba com Jesus **(Mc 12, 28-34)**. Ele tinha visto Jesus responder bem às perguntas de seus adversários. Mas, ao contrário deles, aproxima-se de Jesus, com *sinceridade*, para *dialogar* com ele. Pergunta-lhe qual é o primeiro dos mandamentos. Jesus lhe responde, citando a Torá: "Ouve, ó Israel! O Senhor, nosso Deus, é o único Senhor. Amarás o Senhor, teu Deus, com todo o teu coração e com toda a tua alma, com toda a tua mente e com toda a tua força". E acrescenta um segundo: "Amarás o teu próximo como a ti mesmo". O primeiro passo nosso em direção a Deus é dado pelo amor, não pelo medo! Aliás, é próprio do medo afastar, não aproximar! Porque Deus nos amou primeiro, o primeiro passo nosso em direção a outra pessoa é dado pelo amor. No Princípio é o Amor. E amar é mais do que um sentimento espontâneo; é *querer o Bem* para outra pessoa, ainda que meu coração diga "não"!

O escriba retoma o que foi dito por Jesus, chamando-o "Mestre". No entanto, citando a crítica profética concernente ao culto e aos sacrifícios, também ele faz um acréscimo: apresenta a supremacia do amor a Deus com relação ao culto e aos sacrifícios. Não os nega, porém ressalta a necessidade da *observância da Lei* (dos mandamentos apenas citados) e da *reta intenção* para a legitimidade do culto e para que ele seja aceito por Deus. Jesus o elogia e diz que ele não está longe do Reino de Deus. Não está longe, mas também não está completamente nele! Por quê? Não conhecemos a passagem necessária para o escriba; talvez lhe faltasse fazer-se discípulo de Jesus! Sabemos, no entanto, da importância que os cristãos sempre deram aos dois mandamentos, acentuando seu vínculo indissociável. Ora, ao *reconhecermos* o amor imenso de Deus por nós, não apenas lhe *retribuímos esse amor* na Liturgia e na oração pessoal, mas também amando-nos mutuamente, *como* Ele nos ama!

Faça o colóquio, falando com Jesus sobre o que se passa em seu interior neste momento... Você tem consciência de que fomos criados pelo Amor, para amar? Deus, ao nos criar, já imprimiu em nosso coração esse desejo. Mas o *amor divino* exige que saiamos de nós mesmos, renunciando ao "nosso" modo de amar para que o *amor de Cristo* seja todo em nós.

Você se sente crescer neste amor?

Anote sua oração.

Sábado
da Terceira Semana da Quaresma

Oração de Repetição

Para a oração de repetição, tranquilamente, releia os apontamentos de suas orações. Tendo em seu horizonte a perspectiva da Campanha da Fraternidade de 2024, bem como o pedido da graça, procure perceber quais foram os dons recebidos, em qual momento eles se manifestaram de modo mais nítido, qual "rastro de Deus" (consolação) ficou impresso em você. Você pode também aprofundar algum momento em que a desolação se fez presente.

Para essa oração, siga os **passos para a meditação**.

Como você já sabe, também deste momento se faz a **anotação**.

Ao terminar a Semana, ofereça a Deus, na **Eucaristia dominical**, os dons recebidos, e peça-Lhe a graça de colocá-los a serviço das irmãs e irmãos que deles necessitam. Que esta sua oferta seja, de fato, agradável a Deus!

Anotações Espirituais

Quarta Semana da Quaresma

João Melo

"Vós sois meus amigos, se fizerdes o que eu vos mando."
(Jo 15,14)

Utilize este QR CODE para assistir ao vídeo com as orientações sobre as orações desta semana.

Introdução

A **Quaresma** está para além da penitência. Ao contrário do que muitas pessoas pensam, o tempo quaresmal não é só tempo de penitência, mas também é tempo de *preparação* ao batismo, para os que ainda não foram batizados, e de *memória* do batismo, para os fiéis já batizados. Fazer essa memória possui para você algum significado? O *Batismo* nos introduz na vida cristã, na amizade e no mistério mesmo de Cristo morto-ressuscitado. Ele é dom e graça que nos vincula indelevelmente ao Cristo. Essa vinculação nos compromete em nossa vida com o seguimento do Cristo amigo. Chamamos de *conversão* o desejo e o movimento que levam o batizado a viver o mistério da amizade com Cristo na aventura da existência. Assim, a *penitência* é expressão da sua operacionalização, isto é, expressão de *conversão*. Dito de outra maneira, a penitência (Purificação) está fundada sobre a própria realidade batismal (Iluminação). Batismo (Iluminação) e penitência (Purificação) são, assim, os mistérios próprios da Quaresma.

Por isso, a Iluminação é tema recorrente da Quaresma e evidenciada no 4º Domingo da Quaresma, também chamado de *Laetare*, do latim, alegria. Passar por um processo de *iluminação*, deixar-se iluminar pelo Cristo, não é uma experiência triste — como alguns podem conceber o tempo da Quaresma. A alegria da iluminação nos prepara para a Páscoa. Deixe-se iluminar!

Durante esta semana do retiro quaresmal, somos iluminados na amizade libertadora que alegra o coração, deixando-o mais livre e disponível para o serviço aos demais e para abraçar a fraternidade universal como estilo de vida.

> **A graça da semana:**
>
> Ó Senhor, Deus da Luz e da Amizade, dá-me a alegria de um coração mais livre e disponível para abraçar a fraternidade universal como estilo de vida.

Domingo
da Quarta Semana da Quaresma

"Deus amou tanto o mundo que entregou seu Filho único."
2Cr 36,14-16.19-23 | Sl 136(137) | Ef 2,4-10 | Jo 3,14-21

- Recordo os passos para a oração inaciana e me ponho a fazê-los com serenidade.
- Escuto o som do meu coração e o vibrar da minha respiração.
- Repito o pedido da graça desta semana.
- Começo a leitura da reflexão e do texto bíblico para a oração de hoje.

Jesus preanuncia os eventos da sua Paixão e morte de Cruz e anuncia a sua paixão de amor incondicional ao gênero humano. A descoberta do tanto de amor que Deus tem por nós (Jo 3,16) aformoseia o coração, nos põe cheios de júbilo e exultantes de alegria (Is 66,10). Não importa o percurso que fizemos até aqui, as tristezas que carregamos conosco, nem mesmo as infidelidades vividas: Deus é rico em misericórdia (Ef 2,4) e não enviou seu Filho ao mundo para condenar o mundo, mas para que o mundo seja salvo por Ele (Jo 3,17)! Em Cristo, encontramos toda a fonte de *consolação* (Is 66,11) para se pôr a caminho da Páscoa, a jorrar de gozo e alegria por tê-lo conosco.

Não há nada mais lindo do que a firmeza e a verdade do amor derramado, que não depende de nós, nem de nossos méritos. Deus não nos ama porque somos bonzinhos. De nossa parte, basta acolher a riqueza incomparável do amor que é graça (Ef 2,7) e que nos salva da solidão, do fechamento, do isolamento, dos apegos desordenados e dos nossos juízes internos.

Jesus é aquele que é levantado (Jo 3,14). Erguido pela força do amor, Ele nos eleva, atraindo-nos a Ele. Nasce em nós o vigor de um desejo: eu creio e por isso quero estar na sua amizade. Extasiados por esse amor puro que nos envolve, compreendemos, com a luz da fé, que pertencemos àquele entregue, o único Filho, doado a nós, na paixão de Deus pelo mundo. Esse vínculo pascal é de alegria e amizade verdadeira.

Os julgamentos empurram para os escombros sombrios da existência, onde a verdade da vida, que é da vontade de Deus, torna-se desfigurada em "desi-lu(z)-são", isto é, em não luz. São os becos sem saída, mal iluminados, e os armários mofados da ausência do Sol da justiça, onde muitas pessoas escondem seu viver. Aqueles que não suportam ou não dão suporte à verdade da vida dos demais, podem escurecer o próprio viver, esquecendo a misericórdia de Deus que é infinita iluminação.

- Como eu experimento o amor incondicional de Deus por mim, que se manifesta na entrega de seu Filho?
- Em que áreas da minha vida ainda tenho experimentado solidão, fechamento, isolamento ou apegos desordenados? Como posso permitir que o amor de Deus preencha esses vazios?
- Escrevo, agora, no meu caderno de vida, como me senti, o que mais me tocou e as distrações ou resistências experimentadas.

Segunda-feira
da Quarta Semana da Quaresma

"Pode ir, teu filho vive."
Is 65,17-21 | Sl 29(30) | Jo 4,43-54

- Propicio um ambiente interno e externo para a oração.
- Suplico com o coração a graça da semana.
- Medito as considerações para ajudar na oração de hoje e leio calmamente o texto bíblico do dia.

Jesus foi igual a nós em tudo, mas não pecou (Hb 4,15). Portanto, Jesus viveu todas as vicissitudes que fazem parte da experiência humana. Essa verdade fundamental da fé cristã, nos permite contemplar a divindade, mas também a humanidade de Jesus nos textos bíblicos.

A relação de Jesus com as pessoas da sua região natal estava abalada. Ele mesmo já havia afirmado que "um profeta não é bem recebido na sua própria pátria" (Jo 4,44). Isso impõe certo distanciamento entre Jesus e seus conterrâneos. Porém, dessa vez, Jesus é bem recebido, pois tornou-se conhecido por alguns deles que viram os seus sinais e prodígios. Passaram a valorizá-lo pelo que Ele podia fazer (Jo 4,45).

Contudo, mesmo sabedor de ser bem recebido apenas pelo que podia fazer, Jesus não deixa de fazer o bem. A decisão ética de Jesus certamente envolvia mais do que todo o desafeto que recebera em sua própria terra. A escolha de interromper o ciclo do desgosto pelo maltrato por lá anteriormente recebido afirma-se em uma atitude sem o ódio da vingança que propaga o ciclo de violência e do sofrimento. Jesus retribui a rejeição dos seus com o milagre do bem, para todos. O perdão o liberta do rancor e o livra de regurgitar a dor da rejeição. Assim, Jesus dispõe de energia suficiente para passar fazendo o bem, para curar o próximo.

Jesus, todo humano que também era, não se deixa determinar pelo seu desafeto. É o olhar para além de si mesmo e das próprias carências afetivas que encontra a saída, mobilizando a vontade e o querer para fora de si, de modo a estancar o dor da ferida interna. O amor e a doação aos demais curam o coração machucado.

Rejeitado, Jesus não rejeita, nem se fecha em sua dor, antes, abre-se aos clamores ao seu redor e cura filho e pai, pois "ali não haverá crianças condenadas a poucos dias de vida" (Is 65,20). Diante da urgência da solidariedade, não há tempo a perder: atua-se a favor da fraternidade universal. A realidade grita por uma resposta imediata. A relação desse filho e desse pai é vínculo familiar tocado pela vida em Jesus que nos alude ao vínculo familiar que nos une a todos e todas: em Cristo, somos todos irmãos e irmãs (cf. Mt 23,8).

- Trago à memória a minha casa, as minhas relações familiares, de amizade e também o meu convívio no ambiente de estudo/trabalho... Qual o sentimento dessas recordações?
- Como eu lido com as situações de rejeição, de incompreensão, de hostilidade que eu enfrento na minha vida? Como eu procuro superar o ressentimento, a mágoa, a vingança que podem brotar no meu coração?
- Sou capaz de praticar o bem, o amor, a compaixão pelos que me ofendem, pelos que me ferem, pelos que me desprezam?
- Como posso praticar o amor e a doação em minha vida para curar não apenas meu próprio coração, mas também os corações dos outros?
- Termino a oração registrando os "movimentos interiores" de consolação e desolação que eu experimentei.

Terça-feira
da Quarta Semana da Quaresma

"No mesmo instante o homem ficou curado"
(Ez 47,1-12 | Sl 45(46) | Jo 5,1-16)

- Durante um breve momento, permaneço em silêncio e tomo consciência da presença de Deus todo amoroso.
- Inicio minha oração e logo faço o pedido da graça indicado para essa semana.
- Vejo as indicações abaixo para colaborar com a reflexão da oração.

O primeiro dentre os doentes que pulasse na água após o anjo agitá-las, ganhava a cura. Essa historieta, com mistura de sorte e agilidade física, fazia com que os doentes acreditassem que tinham que se provar mais rápidos do que os demais, além de serem o sortudo de fazê-lo no momento certo do borbulhar do tanque. Imagine o clima de disputa que se dava entre esses que padeciam à beira da piscina. Um deles, a cada intervalo de tempo — não se sabe bem com que frequência — seria curado, mas apenas o mais ágil dentre eles. Os demais, permaneceriam lá, padecendo, até a próxima oportunidade. O espírito competitivo certamente pairava entre eles: todos ávidos para saírem daquela situação desprezível, mas sem conseguirem sozinhos. As pessoas precisam da ajuda umas das outras, especialmente os doentes e os mais vulneráveis da sociedade.

Diante desse cenário de centenas de doentes às margens da piscina, é bem possível que se produzisse uma situação de vida infernal similar àquelas vividas hoje pelas pessoas em situação de rua, especialmente nas chamadas cracolândias e também nos grandes lixões. As relações sociais ali travadas possuíam uma lógica que revela o que de mais asqueroso uma sociedade que exclui os seus vulneráveis pode produzir: incutir nos tidos como descartáveis o olhar de que o próximo é, na verdade, um potencial inimigo que ameaça a própria sobrevivência. Essa mentalidade corta a fraternidade pela raiz.

A narrativa que o homem doente conta para Jesus está banhada de sinceridade, pois ele confessa a sua necessidade de um outro que o ajude, mas, ao mesmo tempo, está condicionada pela ideologia das águas agitadas pelo anjo. O doente não vê uma outra forma de cura e, mesmo diante de Jesus, repete a viciada justificativa de que precisa correr na frente dos outros e, com sorte, se jogar na piscina agitada por algum anjo. Falta a este homem uma vivência concreta de fraternidade. Talvez ele não conheça por experiência o que seja um gesto solidário, gratuito. Talvez, tanto tempo à margem da piscina o tenha levado a esquecer que isso é possível.

Jesus não é o anjo que o vai levar para dentro da piscina antes de todos os outros. Cristo não pode ser reduzido a uma vantagem de competição. Na verdade, Jesus nem manda que o homem doente entre naquela água, mas que se levante e saia dali.

A cura que Jesus oferece passa por outro sistema que não envolve a competição do tanque. Antes, envolve o desejo do homem de ser curado "Queres ficar curado?" (Jo 5,6) e o seu erguimento a partir da própria autonomia. Jesus abre-lhe um novo horizonte de cura e de vida. O homem é quem se levanta e sai andando.

Quando os cegos têm quem os guie, ou meios de guiarem-se, não estão desprovidos da possiblidade de andarem com segurança. Quando os coxos e paralíticos recebem ajuda de outras pessoas ou de instrumentos que colaboram na sua locomoção, podem também andar com segurança. Uma sociedade onde todos possam começar a andar, é possível (Jo 5,8-9). Ninguém precisa ficar às margens das piscinas e das sociedades.

- Observe com os olhos da fé as margens da piscina. Veja com os olhos da imaginação o cumprimento, a largura, a quantidade de doentes e pessoas descartadas, observe o que falam, suas feições, sinta com os sentidos da imaginação o lugar descrito pelo texto do Evangelho...
- Como eu me sinto diante das situações de sofrimento, de exclusão, de marginalização que vejo na minha vida e na vida dos outros? Como procuro ajudar, acolher, consolar os que padecem à beira das piscinas da sociedade?
- Como eu me relaciono com os meus irmãos e irmãs que também precisam da graça e do amor de Deus? Como evito a competição, a rivalidade, a inveja que podem brotar no meu coração?
- Refletindo sobre a ideia de uma sociedade onde todos possam "começar a andar", como posso contribuir para criar um ambiente mais

inclusivo e compassivo em minha comunidade? Que ações posso empreender para ajudar aqueles que estão à margem a encontrarem sua dignidade e independência?

- Registro no meu caderno de vida o andamento da minha oração e as principais moções que me afetaram hoje.

Quarta-feira
da Quarta Semana da Quaresma

"O Filho também dá a vida a quem ele quer."
Is 49,8-15 | Sl 144(145) | Jo 5,17-30

- Busco entrar em oração a partir dos passos para a oração inaciana, presentes no início desse livro.
- Faço o pedido da graça para esta semana.
- Ponho-me a ler com atenção os pontos abaixo para ajudar na oração do dia.

Jesus desafia as normas sociais e religiosas de sua época, revelando sua identidade e dignidade filial. Ele proclama ser Filho de Deus, um ato audacioso que não passa despercebido pela sociedade conservadora ao seu redor.

Em suas palavras, Jesus demonstra ousadia ao reivindicar sua relação única com o Pai. Ele não apenas se autodenomina Filho de Deus, mas também compreende essa relação como uma responsabilidade ética. Jesus reconhece a comunhão intrínseca da Trindade, revelando a interdependência e o vínculo indissolúvel entre Ele – o Filho – e o Pai.

Ao revelar a particularidade de quem Ele é, e a intimidade da sua relação com o Pai, cresce nos líderes judeus de seu tempo a vontade de matá-lo (Jo 5,18). Toda forma de preconceito ou discriminação encontra suas raízes em um afeto, ou melhor, em um desafeto: o ódio e o desprezo — que são o contrário do amor ao próximo e do compromisso cristão com a fraternidade universal.

O Papa Francisco recorda que "o racismo é um vírus que muda facilmente e, em vez de desaparecer, se disfarça e esconde-se à espera de novas oportunidades" (*Fratelli Tutti*, n. 97). Não basta dizer que não se odeia pessoas pretas. É preciso ter um interesse ético por uma postura antirracista e por ações afirmativas pela igualdade racial. Ao racismo, que é estrutural em nossa sociedade brasileira, soma-se a intolerância religiosa, a xenofobia, o machismo, a lgbtfobia, e a aporofobia, todos pecados sociais graves que atentam contra a radicalidade da dignidade humana de toda pessoa, imagem e semelhança de Deus.

Para os líderes judeus da época, as palavras de Jesus são escandalosas, especialmente quando ele chama Deus de Pai. A ideia de se considerar Filho de Deus é inaceitável para eles. No entanto, Jesus não recua diante da dureza e preconceito de seus corações. Ele assume seu papel como Filho, falando com a autoridade que isso implica.

Assim, é preciso superar o escândalo e o tabu que possa ser falar com clareza sobre os direitos humanos dos descartados da sociedade. São, no Brasil, especialmente os povos originários e das florestas, as mulheres, as pessoas pretas, LGBT+, deficientes, refugiadas, migrantes, estrangeiras, de religiões minoritárias, e empobrecidas. Na verdade, é preciso caminhar ao lado deles, que têm rostos muito concretos, mostrando que "misericórdia e piedade é o Senhor" (Sl 144,8).

A afirmação de identidade e a autoridade de Jesus não é arrogância, nem se põe acima dos demais. Jesus compreende essa autoridade como um serviço, uma missão de amor. Ele é um Filho fiel, que vive na *philia*, isto é, na amizade com o Pai (Jo 5,20). Ele revela essa amizade aos seus discípulos, chamando-os de amigos. Jesus também nos convida a entrar nessa amizade, a fazer parte dessa família divina. Ele nos ensina a sermos irmãos e irmãs uns dos outros, sem discriminação por qualquer diferença. Jesus nos mostra que a fidelidade ao Senhor é proporcional ao amor pelos irmãos e irmãs.

- Reflito sobre o seguinte versículo bíblico: "O Senhor consola o seu povo e se compadece dos pobres" (Is 49,13).
- Como eu reconheço a minha identidade e a minha dignidade como filho ou filha de Deus, que me ama e me chama pelo nome? Como eu vivo essa filiação divina na minha relação com Deus, comigo mesmo e com os outros?
- Como eu enfrento os desafios da sociedade atual, denunciando as formas de preconceito e discriminação que atentam contra a fraternidade e a amizade social?

- Converso com o Senhor sobre aquilo que a oração me despertou. Depois, tomo nota, em meu caderno de vida, das moções que mais me tocaram.

Quinta-feira
da Quarta Semana da Quaresma

"Vós não quereis vir a mim para terdes a vida."
Ex 32,7-14 | Sl 105(106) | Jo 5,31-47

- Antes de iniciar a oração, crio um ambiente externo e interno para a escuta e intimidade com o Senhor.
- Escolho o lugar, marco o tempo, desligo aparelhos eletrônicos e faço silêncio.
- Faço minha oração preparatória como de costume, sem esquecer da petição da graça indicada para esta semana.
- Em seguida, considero os seguintes pontos para minha oração:

Jesus enfrenta a oposição e a hostilidade dos líderes judeus que não aceitam sua autoridade e sua missão. Porém, Jesus não se intimida diante do conflito, mas o enfrenta com coragem e firmeza, dando testemunho do Pai que O enviou. Ele não busca a sua própria glória, mas a glória de Deus, que se manifesta na sua obra de salvação.

Jesus tem o apoio de várias testemunhas que confirmam a sua identidade e a sua origem divina: o Pai, que fala por meio das Escrituras, dos profetas e patriarcas; João Batista, que preparou o caminho para Ele; e as obras que ele realiza em nome do Pai. No entanto, os líderes judeus se recusam a reconhecer essas testemunhas e a acolher Jesus como o enviado de Deus. Eles estão fechados em seus próprios interesses, em suas tradições humanas, em sua busca por honra e prestígio. Eles não têm o amor de Deus em seus corações, mas apenas o amor a si mesmos e seus apegos.

Jesus nos convida a seguir o seu exemplo de fidelidade ao Pai, de compromisso com a vida, de coragem diante das adversidades. Ele nos desafia a sairmos da nossa zona de conforto, da nossa mediocridade, do nosso individualismo, e a nos abrirmos para a fraternidade universal e para a transformação da sociedade. Ele nos pede mais, mesmo que nos custe. Ele toca nas nossas resistências mais profundas e nos nossos medos e inseguranças que nos impedem de avançar mais – *magis*.

Quais são os riscos que tomamos por Ele? O que estamos fazendo por Ele? Como vivemos a nossa fé em meio a um mundo marcado pela injustiça, pela violência, pela desigualdade, pela colonização cultural e pelo consumismo sem limites? Como nos posicionamos diante dos falsos profetas, dos instrumentos de dominação, dos nacionalismos exasperados que suscitam a desconfiança constante e polarizam a sociedade?

Jesus nos desafia a abandonar qualquer experiência de fé medíocre, centrada apenas em nosso conforto pessoal. Precisamos de uma fé que nos mova, que nos impulsione, que nos lance na aventura de seguir a Jesus e sua missão. Uma fé que não seja apenas teórica ou intimista, mas existencial e histórica. Uma fé que se expresse em obras de amor e de justiça. Uma fé que se alimente da Palavra de Deus e da comunhão com os irmãos e irmãs. Uma fé que nos faça testemunhas do Reino de Deus neste mundo.

- Quais as testemunhas em minha própria vida que me apontam em direção à presença e ao amor de Deus?
- Reconheço quais são as minhas resistências, os medos, as inseguranças que me impedem de avançar mais na minha fé e na minha missão?
- Como posso sair de minha zona de conforto e me comprometer mais profundamente com a transformação da sociedade e a promoção da justiça?
- Faço a revisão da oração e anoto os sentimentos, apelos e pensamentos mais intensos.

Sexta-feira
da Quarta Semana da Quaresma

"Eles procuravam prendê-lo."
Sb 2,12-22 | Sl 33(34) | Jo 7,1-2.10.25-30

- Inicio a minha oração silenciando o meu interior e abro o meu coração para acolher o Senhor.
- Faço o pedido da graça da semana e me ponho a ler atentamente o texto do dia.

Jesus vive em meio à perseguição e à ameaça dos líderes judeus que procuram prendê-lo e matá-lo. Jesus não se deixa dominar pelo medo ou pela violência, mas busca as estratégias adequadas para cumprir a sua missão. Ele sabe o tempo certo para agir, para se manifestar, para se retirar. Ele sabe discernir o que é possível no momento, o que é mais conforme à vontade do Pai e o que é mais frutuoso para o Reino.

Jesus aproveita a festa das Tendas, uma das mais importantes do judaísmo, para ir a Jerusalém e ensinar no templo. Ele ensina em alta voz, sem se esconder, sem se intimidar, sem se calar. Ele proclama o amor de Deus, mas não busca a confusão gratuita. Jesus enfrenta as dúvidas, as críticas e as acusações dos seus adversários com autoridade e sabedoria. Ele segue revelando a sua origem divina e a sua unidade com o Pai. Assim, Jesus desafia os seus ouvintes a conhecerem a verdade que liberta.

Jesus nos convida a seguir o seu exemplo de liberdade interior e de fidelidade ao Pai, de discernimento e de coragem diante das situações adversas. Ele nos desafia a sair da nossa passividade, da nossa conformidade e a nos abrirmos para a ousadia do testemunho. Ele toca nos nossos desejos e aspirações mais profundos.

Quais são as estratégias que usamos para viver a nossa missão? O que ainda podemos fazer por Ele? Como nos posicionamos diante dos poderes opressores, dos sistemas injustos?

Precisamos de uma fé que nos liberte, que nos emancipe, que nos faça protagonistas da nossa história. Uma fé que não seja apenas ritualística ou legalista, mas profética e libertadora.

- Percebo a importância de saber discernir os tempos certos, o que é mais de acordo com a vontade de Deus para minha vida, e o que é mais frutuoso para o Reino de acordo com as minhas possibilidades do momento?
- Sinto-me chamado a viver minha vida com coragem e autenticidade?
- Como posso aprender a comunicar minha fé com autoridade e sabedoria, enquanto também busco a paz e o diálogo com aqueles que discordam de mim?
- Anoto no meu caderno de vida o que foi mais significativo da oração.

Sábado
da Quarta Semana da Quaresma

Oração de Repetição

A repetição inaciana é o momento de rever o passar de Deus na nossa história e jornada de fé. É um recordar — do coração — o que Deus foi fazendo conosco durante a semana quaresmal. Trata-se de tomar consciência da nossa Purificação e Iluminação.

A repetição inaciana é sempre um momento que nos possibilita inundar-nos de gratidão pelo agir de Deus em nós. Agradeça!

- Procuro reviver as moções mais fortes dessa semana.
- Releio as anotações da semana.
- Deixo ressoar estas perguntas: o que Deus gravou no meu coração? Por onde passou o Senhor nestes dias? Que sinais ele deixou mais fortes?
- Deixo o amor falar em mim.
- Converso com o Senhor como um amigo fala a outro amigo.
- No colóquio final, dirijo-me a Cristo, expressando o que meu coração sente no momento: louvor, gratidão, súplica, silêncio...
- Preparo-me e me disponho internamente para a próxima semana do retiro quaresmal.

Anotações Espirituais

Quinta Semana da Quaresma

Pe. André Araújo, SJ

"Eu vos chamo amigos, porque vos dei a conhecer tudo o que ouvi de meu Pai."
(Jo 15,15)

Utilize este QR CODE para assistir ao vídeo com as orientações sobre as orações desta semana.

Introdução

Esta quinta semana do Retiro Quaresmal provoca-nos a permanecermos unidos ao Senhor, no sentido de sermos fiéis a Ele e acreditarmos na sua Palavra, confessando a fé e tornando-nos seus discípulos. Consequentemente, ao conhecermos a Verdade, que emana de uma relação vivida como fruto da experiência profunda do encontro entre o Criador e a criatura, experimentamos a força integradora de todo o nosso ser.

A partir daí nos sentiríamos totalmente livres, para além de qualquer condicionamento ou situação, uma vez que somos criados todo o tempo livres e no amor, destinados à misericórdia do Senhor. Mas o que é ser livre e, de fato, livre para quê? A liberdade, como dom de Deus, pressupõe, assim, a superação de nossas inseguranças e medos. Ser livre para servir, ser livre para viver! Ser livre para amar!

O desejo da liberdade nasce, portanto, da força do amor, do acontecimento e da ação pessoal do Senhor em nossas vidas, visitando-nos, diariamente, de muitas e variadas formas. Ele vem a nós todo o tempo e nos provoca. Não nos trata como escravos, mas como pessoas livres, como amigos, como irmãos, porque nos dá a conhecer tudo o que ouviu do Pai. Resgata, desse modo, a nossa dignidade e a nossa história.

É necessário ânimo e generosidade, abertura de coração, disposição interna para encontrá-lo, reconhecê-lo, aderir a Ele e caminharmos juntos. Ouvir atentamente a sua voz, como dizia Inácio, "como um amigo fala a outro amigo". Gastar tempo na sua presença para compreender o que Ele nos faz ver e para onde seus projetos nos levam exige liberdade interior.

E o Senhor nos desinstala, faz-nos ir além, encoraja-nos. Encontra-nos nas nossas realidades, no tecido social que constituímos, vê os nossos apelos, nossas alegrias e nossas frustrações. Aí nesses lugares Ele quer construir a Vida! Aí nesses lugares Ele quer fazer acontecer um bem cada vez maior...

Não há o que temer! Ele nos acompanha. Não estamos sós. Somos o seu povo e o seu rebanho, as ovelhas que conduz com sua mão. Pede a nós que conservemos a esperança, mesmo em face de tantas dificuldades. Insiste em que confiemos na sua ação, uma vez que não nos decepciona e nos acolhe sempre, nas condições em que estivermos. Semeia em nós a alegria, a luz e a paz tão necessárias para garantir a vida e vida em plenitude.

Abramos, pois, espaço para que Ele possa entrar pelo portal do nosso coração generoso. Sintamo-nos animados para fazer com Ele a última etapa desta peregrinação quaresmal. Testemunhemos as razões de nossa esperança e de nossa fé. Saciemos nossa sede nos mananciais inesgotáveis do seu Amor. Não tenhamos medo de arriscar a única vida que verdadeiramente possuímos. Sejamos os portadores e os dispersadores de todos os bens e dons que o Senhor mesmo nos vem trazer, enquanto derrama em nossos corações o amor de Deus pelo Espírito Santo que nos é dado.

> **A graça da semana:**
> Senhor, concede-me ânimo e generosidade para em tudo amar e servir, sendo fiel e permanecendo contigo na luta, a fim de participar igualmente da tua vitória.

Domingo
da Quinta Semana da Quaresma

"Se alguém me serve, meu Pai o honrará."
Jr 31,31-34 | Sl 50(51) | Hb 5,7-9 | Jo 12,20-33

- Deus está disposto a estabelecer uma Aliança conosco, diferente daquela do Monte Sinai (cf. Jr 31,31s). Esta nova Aliança seguirá gravada nas tábuas de carne do nosso coração, escrita pela mão do Verbo, na límpida tranquilidade de quem faz caminho com os discípulos e afasta todo medo e remove toda aspereza da dor pela brandura da graça. Simples assim: porque o Senhor se mostra deliberadamente humano, solidário com todos os homens e mulheres. Disponha-se, então, a fazer caminho com Ele!

- Vamos ler com tranquilidade todas as leituras deste domingo, sentindo e saboreando, observando e tomando consciência dos nossos sentimentos, pensamentos e ações, tendo como modelo o modo de ser de Jesus, que se faz homem com os demais, seus irmãos, a fim de ser tudo para nós. Conhecedor das nossas angústias e fragilidades, Ele partilha nossas dores, medos e incertezas, compreendendo-nos sem nos acusar, julgar ou condenar, sem se eximir da condição fraterna, servo entre os servos, honrado pelo Pai.

- Ele está no meio de nós! Esta é uma verdade para mim? Essa certeza deve ecoar com grande força, porque, prestes a subir o Calvário, consolado e consolador, Jesus enfrenta seus próprios desafios, carrega as suas e as nossas dores, ao mesmo tempo em que se compadece de nossa miséria, para que possamos superar toda e qualquer debilidade. Deus é grande e é maior que tudo! Criemos, pois, um ambiente propício para entrar em oração. Silenciemos e deixemo-nos conduzir, parando onde o fruto da oração for maior. Degustemos e nos sintamos mobilizados a acompanhar o Senhor, considerando e contemplando, com atenção amorosa, as atitudes de Jesus e a nova Aliança que Ele nos propõe.

A solidariedade do Senhor em todos os instantes da nossa existência é a mostra da coerência de quem assume a Cruz e caminha à nossa frente, sabendo-se colocar ao lado ou acertando nosso passo nos momentos de desânimo e sofrimento. Deixe-se ficar um tempo aí, reconhecendo as atitudes do Senhor. Aqui, é bom nos darmos conta da eterna preocupação de Deus com a realização plena de cada ser humano, intervindo sempre na nossa história, para nos fazer ter condições de discernir e acolher a vida e o bem sempre mais universal. De fato, apenas um coração transformado por um novo modo de ser e de viver terá assegurado para si e para os demais a harmonia, a paz, a verdadeira felicidade. Como anda meu coração? O que trago nele? Tenho condições de levantar meu coração, conforme o que nos é pedido em cada liturgia eucarística?

A nós nos cabe acolher o Dom de Deus, demonstrando abertura e docilidade, mas aceitando também o desafio de sermos (re)integrados na comunidade da nova Aliança, renunciando aos caminhos de autossuficiência e egoísmo, dispondo-nos a (re)fazer processos, saindo ao encontro dos outros, com gestos de partilha sincera e honesta, na comunhão simples do cotidiano da vida. É no tempo ordinário que a Salvação acontece, na banalidade dos que se esforçam na travessia... meus olhos veem a Salvação? Posso dar algum testemunho?

Nesse sentido, o modo de ser e de proceder de Jesus são puro método e pedagogia viva, cheios do desejo de despertar a vida plantada um dia em nós pelo Pai, como sinal sensível e eficaz do seu amor e da sua bondade. A nós, certamente, caberá perguntar: como me pareço com Ele? De que maneira me sinto filho(a)? Qual a característica que em mim mais poderá fazer alguém reconhecer que sou da sua descendência?

De igual modo, posso seguir examinando-me: o diálogo permanente de Jesus com o Pai também tem reflexos na minha vida? Cultivo uma intimidade com o Senhor, de forma que posso ouvir o que me diz, discernindo e fazendo acontecer a Sua vontade na minha história, abrindo-me à possibilidade de uma nova Aliança? Tenho ânimo e generosidade para isso? Vale notar que em nada a vontade divina me violenta no uso da minha liberdade, pelo contrário, a Palavra do Senhor potencializa e ordena todas as minhas qualidades e desejos mais íntimos, porque em nós tudo se vai tornando afetivamente ordenado, se escutamos sua voz e crescemos na convivência amorosa de quem também fala e sabe que é ouvido e acolhido.

Tudo se transforma em sinal de salvação e reintegração, quando, a exemplo de Jesus, os instantes mais duros e decisivos transformam-se em momentos de profundo recolhimento e oração intensa, maturando os frutos da fé e da coragem. Com o Senhor, todo drama se converte em oferenda pura e agradável, e a obediência se faz sensibilidade de escuta e prontidão no serviço, vida que encontra seu manancial e se intensifica.

- Estamos na última semana da quaresma. Gaste tempo no exercício de uma contemplação mais demorada da ação do Senhor. As perguntas anteriores, entremeadas aos textos e às leituras deste domingo, podem ter ressoado em você. Onde seria necessário dedicar-se mais? O que lhe fala ao coração?!
- "Queremos ver Jesus!" Uma boa opção é estar com o Senhor no Evangelho. Se puder, entre na cena bíblica e participe. Procure olhar você também. Ouça e observe tantas vozes; essas pessoas querem conhecer Jesus. O que elas veem e percebem? E você? O que vê, pensa e sente?
- Ao final, faça o seu colóquio com o Senhor. Fale com ele! Conversem! Escute o que Ele lhe diz. Esteja atento ao que você sente. Reflita e tome nota, depois, para tirar maior proveito.

Segunda-feira
da Quinta Semana da Quaresma

"Eu sou a luz do mundo."
Dn 13,1-9.15-17.19-30.33-62 | Sl 22(23) | Jo 8,12-20

- Escolha o tempo e o lugar que mais ajudem a dispor-se à oração. Tome consciência de que você está na presença do Senhor e vá silenciando o ambiente interna e externamente, procurando encontrar uma posição corporal que lhe seja confortável.

- Faça a oração preparatória, como de costume: "Senhor, que todas as minhas ações, intenções e operações estejam puramente ordenadas ao Vosso divino serviço e louvor".

- Adquira o hábito de ler o texto bíblico sobre o qual vai concentrar-se na oração, no dia anterior, antes de dormir; reveja a graça a ser pedida ao longo da semana e siga as indicações abaixo, pois elas podem ajudar a criar um clima favorável para uma oração mais profunda.

Ao longo destes dias, Jesus vai confrontar-se com os fariseus diversas vezes. O que o Senhor diz de si mesmo, sua autorrevelação, é motivo de uma série de controvérsias. "Eu sou a luz do mundo" é uma dessas autopredicações e esta se deu, especificamente, no contexto da Festa das Tendas, quando se acendiam os grandes lampiões do pátio do templo.

Acontece que o Evangelho de João vai trazer, ainda, depois desta passagem, muitos outros predicativos a este *eu sou* (forma de revelação do Ser Divino a Moisés, em Ex 3,14): *eu sou a porta das ovelhas* (Jo 10,7); *eu sou o bom pastor* (Jo 10,11); *eu sou a ressurreição e a vida* (Jo 11,25); *eu sou o caminho, a verdade e a vida* (Jo 14,6); *eu sou a verdadeira videira* (15,1). E isso incomoda profundamente os interlocutores de Jesus, porque essa complementação dada à manifestação de Deus a Moisés no Monte Sinai, nas afirmações sobre quem Jesus é, soa como uma apropriação, um fazer-se igual a Deus.

Assim, reparando bem nas atitudes dos fariseus, quando entramos na cena bíblica, vamos nos dando conta, na perspectiva deles, de que essa objeção ganha força sob o pretexto de que o testemunho que Jesus dá sobre si seria inválido. No entanto, sua palavra é verdadeira, porque ele sabe de onde vem e para onde vai, ao passo que os demais não o sabem. Além disso, os fariseus julgam segundo a carne, e Jesus não acusa nem julga ninguém e, mesmo se o fizesse, poderia fazê-lo porque o Pai está presente com ele, conferindo-lhe legitimidade ao que ele diz de si.

Outra dura realidade: os fariseus não conhecem o Pai que o enviou e quem torna o testemunho de Jesus verdadeiro. Por isso, também, não conseguem reconhecer quem ele é, tampouco as afirmações que faz de si. E tudo isso vai se tornando mais difícil de assimilar, ainda que não tenha chegado ainda a hora de Jesus ser preso, julgado e condenado.

- Aprofundando um pouco mais... você conseguiu entrar nesta cena bíblica e se ver aí, entre Jesus e os fariseus? Em caso afirmativo, onde você se reconheceu, isto é, quem você era? O que lhe chamou a atenção? Se não tiver conseguido entrar na cena e nem mesmo reconhecer-se nesse ambiente, saberia dizer por quê?
- Estamos falando claramente da identidade de Jesus, da sua autorrevelação, de quem ele é. Nesse sentido, quem é o Senhor para você? Como você recebe esse testemunho que ele mesmo dá de si? Olhando para ele, você consegue perceber também o que você poderia dizer de si?
- Termine fazendo um colóquio com o Senhor. Expresse suas questões, dúvidas, inquietações, se houver. Manifeste a Ele seus sentimentos diante de uma cena tão controversa. Você o apoia diante dos fariseus? Tome nota do que julgar mais importante e reflita para tirar maior proveito.

Terça-feira
da Quinta Semana da Quaresma

São José, Esposo da Virgem Maria
2Sm 7,4-5a.12-14a.16 | Sl 88(89) | Rm 4,13.16-18.22 | Mt 1,16.18-21.24

- A oração cristã pede especial atenção ao tempo dedicado e ao local escolhido, bem como a um cuidado com a posição corporal mais adequada. A pessoa toda deve estar implicada: corpo, mente, coração, imaginação, vontade... tudo contribui para nossa disposição.

- Não nos esqueçamos, também, dos passos para a oração, considerando a oração preparatória, o pedido da graça desta semana, a composição vendo o lugar a partir do texto bíblico, o colóquio, a revisão da oração.
- A reflexão a seguir pode também ajudar-nos a tirar maior proveito. Aproveitemos de tudo o que nos possa ser favorável a uma maior profundidade.

O convite hoje, na celebração desta Solenidade, é repousar os olhos sobre a figura de São José, o esposo da Virgem Maria, o Patrono da Igreja Universal. A ocasião também nos permite viver esta pausa, no meio da última semana da Quaresma, para experimentar a ação de Deus em favor do seu povo, pois o Filho que vai nascer terá um pai e uma mãe muito concretos, que lhe darão um nome e uma existência civil. Aliás, o evangelista vai declarar que Jesus vem da estirpe de Davi, segundo a carne, com todos os direitos de um descendente, o que evidencia que a salvação que Deus realiza, desde sempre, é bem real e nunca acontece sem a cooperação do homem.

Naturalmente, José terá grande responsabilidade nisso. E, se consideramos que responsabilidade configura aptidão e habilidade para ser capaz de responder por algo, José vai deixar-se formar para assumir essa tarefa ao lado de Maria, ajustando-se, como homem justo que era, aos propósitos divinos. Com efeito, se ele não tivesse uma profunda experiência de Deus, não teria condições de assumir um projeto tão grande, que iria mudar por completo a vida do casal.

Por outro lado, ninguém duvida que José também sonhava em construir sua própria casa para acolher sua esposa: uma casa simples, do seu jeito, na sua terra, com as coisas que eles desejavam, do modo como ele sabia fazer, pois tinha profissão e, conforme a tradição, era carpinteiro. Provavelmente, ele sonhava dia e noite com essa nova família, com os filhos que poderiam ter, com a educação que lhes daria, com os cuidados que teria. Por isso, é perfeitamente compreensível a sua inquietação ao saber da gravidez de Maria.

Não deve ter sido fácil mudar tanto e tão rápido. Deixar de lado os próprios sonhos, abrir espaço na vida de sua futura família para um sonho maior: o sonho de Deus! Não deve ter sido simples, porque não era apenas uma questão de acreditar na palavra de Maria, era mais: era a Palavra de Deus, era o Verbo Encarnado que iria nascer!

Muitas coisas se passaram na cabeça de José. Deixemo-nos ficar um tempo aí com ele, cheio de dúvidas e inquietações. Não abandonemos José. Sejamos, para ele, simples presença, sem invadir ou perguntar nada. Ofereçamos a ele a nossa companhia fiel e discreta, nosso apoio e nossa profunda admiração.

Afinal, nós sabemos que o homem justo terá de sair de sua terra, deixar sua casa, sua família, seus conhecidos, seus parentes e amigos para andar pelo mundo. Vai fugir de reis, mudar de cidade, passar por dificuldade em terra estrangeira; vai montar e desmontar muitas vezes sua carpintaria; vai precisar sustentar a família sem saber bem como fazer; vai ser guiado por sonhos...

Juntos, José e Maria verão reis e magos de quem nunca tinham ouvido falar; vão testemunhar a alegria dos pastores e do povo simples do campo, naquele humilde lugar; vão ouvir a notícia da morte dos inocentes recém-nascidos e vão se comover ao pensar na tristeza de tantos casais que perdiam seus filhos, pela maldade de Herodes, que procurava matar o Menino assim que ele nascesse. Tragédias, dor e lágrimas de um lado e, de outro, ternura, confiança e proteção.

Com os olhos da imaginação, vejamos quantas vezes os olhos de José terão se cruzado com os de Maria, sem que nenhum dos dois entendesse nada do que se passava. Tenhamos em conta quantas vezes bastou um silêncio entre eles para que imediatamente começassem a fazer ou desfazer o que fosse necessário. Consideremos a quantidade de vezes em que tudo parecia caminhar numa direção e, na última hora, tiveram de mudar de rumo, andando na direção do desconhecido.

Deixando-nos ficar aí nessa contemplação, certamente virá a nós uma pergunta forte e imperiosa: que amor é esse?! José era um homem honesto, íntegro, cheio de fé e muito consciente. Ele via as ansiedades da Mãe e do Menino, depois de nascido, e também deve ter guardado muitas coisas no coração. Ele teve de ser forte para tranquilizar Maria e proteger o Menino. José compreendeu muito, porque muito amou e pôde ensinar ao Menino as mesmas virtudes que havia aprendido: o que era ser homem digno, cheio de caráter e de bom coração. Tudo isto nos basta para viver, sentir e entender, profundamente, o que quer dizer: Jesus, manso e humilde de coração!

- Termine esta oração dando graças ao Senhor por tão grande Dom para a Igreja e para o mundo, na pessoa de São José, esposo da Virgem Maria. Deixe-se interpelar, sentindo e saboreando internamente o que lhe vier à mente e ao coração.
- Reze um Pai-Nosso e uma Ave-Maria, dirigindo uma prece em favor das famílias do mundo inteiro.
- Faça o seu colóquio e, em seguida, tome nota do que achar necessário, para tirar maior proveito.

Quarta-feira
da Quinta Semana da Quaresma

"Se o Filho vos libertar, sereis verdadeiramente livres."
Dn 3,14-20.24.49a.91-92.95 | Dn 3,52-57 | Jo 8,31-42

- Pacifique todo o seu ser para estar e fazer-se presente na presença do Senhor.
- Retome os passos da oração e se disponha, com tranquilidade, colocando os meios necessários para entrar com grande ânimo e generosidade na matéria a ser considerada.
- Leia com atenção os textos da liturgia e o que vem a seguir, levando em conta o que possa ser uma ajuda neste itinerário de crescimento espiritual e humano.

O Evangelho de hoje evidencia que existe uma sequência lógica na vida cristã, que nos leva a crescer no amor e a pensar também no nosso modo próprio de viver a fé com coerência, professando que somos discípulos de Cristo. Jesus se dirige aos judeus que nele tinham acreditado, provocando-os a permanecerem unidos a ele, no sentido de serem fiéis e acreditarem na sua Palavra, devendo, por isso, confessarem a fé e se tornarem seus discípulos. Consequentemente, conheceriam a verdade que emana dessa relação vivida, como fruto de uma experiência profunda e integradora de todo o nosso ser; com isso, sentir-se-iam totalmente livres, para além de qualquer condicionamento ou situação, uma vez que somos criados todo o tempo livres e no amor, destinados à misericórdia do Senhor.

No entanto, como a Palavra revelada de Jesus não havia encontrado terreno fértil no interior daqueles corações, a verdade tampouco pôde criar raízes e vínculos que os pudessem libertar. Além disso, havia o complicador de não perceberem qualquer necessidade de se tornarem pessoas livres, dizendo-se, ainda, filhos de Abraão. Jesus, porém, devolve-lhes uma triste realidade: nenhum deles se dava conta de que eram, por isso mesmo, escravos do pecado, procurando, ainda, razões para matá-lo. Por conseguinte, sua Palavra e o dom da fé não encontravam morada neles.

Nesse sentido, ficava nítido que não se tratava de filhos de Abraão, o pai da fé, tampouco pertenciam àquela grande Nação, reconhecida como o povo da Aliança. Impossibilitados, portanto, de darem provas por meio das obras que legitimam uma tal filiação, tudo se agravava ainda mais pelo desejo que manifestavam de matar a Jesus, que lhes dizia a verdade.

Finalmente, a situação se tornou mais complexa quando procuraram afirmar que eram filhos de Deus. Diante de um tal disparate, Jesus responde que, se tivessem a Deus por Pai, seriam capazes de o reconhecer e o amariam, pois saberiam reconhecer igualmente de quem ele procede.

Como se pode notar, a liturgia de hoje suscita muitas questões para a nossa reflexão pessoal, como maneira de verificarmos nosso modo próprio de proceder e de viver a fé, amando a verdade e nos tornando livres e misericordiosos. Afinal, para se dizer discípulo de Cristo, não basta experimentar simplesmente algum sentimento de simpatia por ele e por sua doutrina, mas cumpre aderir pessoalmente ao Senhor, ordenando a própria vida e orientando afetivamente todas as nossas atitudes.

- Façamos, então, o exercício de retomar o texto do Evangelho de hoje e saborear os ensinamentos de Jesus, na sequência que ele nos oferece, dado que aquilo que é dito aos judeus confere sentido à vida cristã e nos serve de orientação para os nossos próprios afetos desordenados: *permanecer* na Palavra; *ser* discípulo; *conhecer* a verdade; *tornar-se* livre.

- Diante do questionamento do Senhor, passo agora ponto por ponto, considerando o que preciso examinar: permaneço unido a ele, sendo fiel à sua Palavra? Confesso uma fé crescente que dá mostras por meio de obras concretas de que me vou constituindo como um discípulo seu, mesmo diante das muitas dificuldades que enfrento na vida? Experimento relações verdadeiras, como um sinal evidente de uma experiência profunda e integradora de todo o meu ser? Sinto-me livre diante de mim mesmo e em tudo o que tenho conseguido viver, confiando na infinita bondade e misericórdia do Senhor?

- Deus é grande! Vou deixando, calmamente, que o Senhor mesmo me ajude a reconhecer e a ordenar o que se encontra disperso e sem sentido em mim. Ele mesmo vai pacificando tudo, num diálogo profundo e honesto comigo, reconduzindo-me à vida verdadeira e libertando-me, definitivamente, de tudo o que me desordena, concedendo-me forças para me emendar, porque sinto e reconheço seu amor ilimitado por mim. Reflito para tirar grande proveito de tudo isso. Dou graças e vou registrando minhas moções.

Quinta-feira
da Quinta Semana da Quaresma

"Se alguém guardar a minha palavra, jamais provará a morte."
Gn 17,3-9 | Sl 104(105) | Jo 8,51-59

- Invista no tempo de preparação da oração: disponha-se, acalme o seu ser, busque o silêncio e o ambiente mais propício.
- Refaça os passos da oração, com o pedido da graça para esta semana e pondere com muito afeto o caminho feito até aqui.
- Tome consciência de que está na presença do Senhor e vá seguindo o que se propõe, parando e saboreando o fruto de tudo o que for vivendo, onde encontrar maior possibilidade de crescimento espiritual e humano.

Na sequência do que nos era proposto ontem, hoje Jesus afirma, categoricamente, aos judeus: "se alguém guardar a minha palavra, jamais verá a morte". Uma tal consideração, promotora de vida e vida em abundância para aquele que crê, lança luz sobre uma situação no mínimo instigante e constrangedora para os judeus. No desejo de negarem o Senhor, sua origem e fonte de vida, acabam por afirmar ser verdade o que não admitem. Isto é, quando perguntam: 'és maior que nosso pai Abraão...?', encontram, evidentemente, o caminho da fé que não aceitam nem reconhecem.

Para acirrar essa discussão a respeito de quem Jesus deixa ver que é, revelando sua identidade, ele mesmo arremata mais adiante: "antes que Abraão existisse, eu sou". Complementa, assim, com algumas indicações para os ajudar a seguirem no raciocínio e até mesmo aderirem, ainda que pelo modo mais simples, o da compreensão intelectiva. Mas adianta pouco...

Uma vez mais, então, o sentido da autorrevelação, *eu sou* (cf. Ex 3,14), tão caro ao Evangelho de João, aparece. Desta vez, a expressão *eu sou* não vem acompanhada de nenhum predicativo, pois não necessita de complemento, uma vez que toda a discussão entre Jesus e os judeus atesta algo maior, a necessidade de uma adesão pessoal como uma resposta clara e afetiva: aquele que crer e guardar esta Palavra tem a Vida!

Os judeus, porém, tinham ouvidos e olhos para ouvir e para ver, mas não escutavam nem enxergavam. Preferiram pegar em pedras para lapidar Jesus e afastar, assim, qualquer evidência do que pudessem tocar ou sentir. Enrijecidos, não puderam crer nem reconhecer a verdade e a glória do Senhor manifestadas diante deles, como sinal sensível e eficaz do poder do Pai por meio dos sinais realizados por Jesus em favor do povo.

De fato, o risco de morrer de fome e de sede diante de um banquete ou de um manancial é enorme. Pior ainda quando não se saciam a fome e a sede próprias, negando, também, a possibilidade a outros. O Senhor vem a nós, vem a todos, como nos disse o Papa Francisco recentemente, na Jornada Mundial da Juventude, em Lisboa. Penetrar afetivamente a verdade desta Palavra, assumi-la e vivê-la até as últimas consequências é exigente, pede coragem e uma sensorialidade alargada para reconhecer a força da personalidade divina, seu amor por nós e a vida que gera em nossas vidas pelo bem de todos.

- Reconsidere o texto do Evangelho de hoje e vá parando nos pontos que lhe falam ao coração. Sinta os apelos afetivos desta Palavra. Pergunte-se: por que esses ecos ressoam forte em mim? O que me dizem? Por que me interpelam?

- Não basta reconhecer intelectivamente o Senhor. É preciso fazer o exercício de descer da cabeça para o coração. Como me vejo nesses esforços? Tenho crescido nesse sentido? Aí está a sede da decisão e do discernimento. Aí acontece o mais importante. Aí se depositam os grandes tesouros. O relacionamento com Jesus é afetivo e, por isso, torna-se efetivo e garantidor de Vida. Trata-se de um reconhecimento pessoal, mas que nos abre ao mundo e a todos, concretizando-se num bem sempre mais universal e comunitário: para "todos, todos, todos..."
- Termino a oração pedindo ao Senhor que acorde em meu coração as fibras de uma afetividade que reconheça de onde emana a Vida. Preciso ser capaz de sentir e saborear a presença do Senhor, para mais amá-lo e servi-lo. Reflito internamente, agradeço e anoto para tirar maior proveito do que tenho podido viver. Estamos cada vez mais perto da fonte da Vida!

Sexta-feira
da Quinta Semana da Quaresma

"Procuravam prendê-lo, mas ele escapou das suas mãos."
Jr 20,10-13 | Sl 17(18) | Jo 10,31-42

- Vamos nos aproximando da Semana Santa, tempo de maior interioridade e silêncio. É chegado o momento de verificar minhas reais condições de acompanhar o Senhor, ser solidário com Jesus e manter-me fiel até o fim. Leia com atenção os textos da liturgia e o que vem a seguir, levando em conta o que possa ser uma ajuda neste itinerário de crescimento espiritual e humano.
- Revejo, por isso, os passos da oração, buscando adequar tempos e espaços, em função de uma intimidade maior com o Senhor. Refaço o pedido da graça desta semana, considerando meus esforços para vencer-me a mim mesmo, continuando firme no caminho, com grande ânimo e generosidade.
- Leio com atenção os textos da liturgia, procurando um modo de me implicar mais neste itinerário, deixando-me mover pelo Senhor, por

uma coerência interna maior e um sentido de liberdade sempre crescente diante da vida.

O cerco ao redor de Jesus vai se fechando. Este trecho do Evangelho de hoje apresenta dois grupos: os que não creem em Jesus e tentam apedrejá-lo e os *muitos* que creram nele, a partir do testemunho dado por João Batista, que não havia realizado sinal algum, ao contrário de Jesus, que havia feito bem a tanta gente.

Esses sinais, na perspectiva do Evangelho de João, evidenciam os muitos prodígios e milagres, todo bem realizado por Jesus, enfim, e que comprovam sua íntima união com o Pai. No entanto, os judeus pegaram pedras para o lapidar, sob a acusação de blasfêmia. Anulavam, assim, o princípio de toda obra realizada pelo Filho, a quem o Pai havia consagrado e enviado ao mundo.

Por outro lado, o intuito de Jesus não era, pura e simplesmente, que cressem nele, mas que pudessem reconhecer a ação bondosa do Pai, em nosso favor, por meio dele. As obras realizadas deveriam, assim, não apenas abater todo obstáculo ao reconhecimento do Senhor, mas também levar a uma reflexão séria que nos pudesse abrir à luz do Cristo, determinando, finalmente, esse encontro entre a criatura e o seu Criador e Senhor.

Mas ninguém se interrogou. Proferiram logo a sentença, o julgamento e a condenação. Era mais fácil que admitir e dar o passo da fé e do reconhecimento dessa presença viva de Deus, por meio de Jesus Cristo, caminhando e revelando o rosto do Pai, demasiadamente humano. Para nós, fica a questão: por que essa manifestação tão humana do Senhor incomodou tanto? Por que custou tanto esse passo e esse consequente reconhecimento? Por que tantas pedras nas mãos?

- Retornemos, pois, ao texto bíblico e acompanhemos o drama de Jesus. De que lado estou: entre os crentes ou entre os não crentes? Que evidências tenho para crer ou o que me falta para crer e aderir pessoalmente ao Senhor?
- Abramos nossa mente e o nosso coração. Reconheço as forças que habitam o mais profundo do meu ser? O que existe aí dentro? Ressoa em mim a voz de Jesus? Entro em franco diálogo com o Senhor e lhe expresso meus mais íntimos desejos de fazer caminho com ele até o fim.

- Terminemos a oração agradecendo imensamente ao Senhor por tudo o que pudemos viver ao seu lado. Rezo um Pai-Nosso e tomo nota do que tiver sido a tônica deste momento, bem como os apelos mais fortes que me surgiram. Reflito para tirar maior proveito.

Sábado
da Quinta Semana da Quaresma

Oração de Repetição

Não há progresso espiritual se não se tira o maior proveito das lições que nos vêm de experiências anteriores. Nesse ponto insistia Santo Inácio e aqui também vamos deter-nos, a fim de que tenhamos uma experiência mais profunda e duradoura do que fomos vivendo ao longo desta semana. Deus nosso Senhor move e atrai a vontade, de tal modo que a pessoa espiritual segue o que lhe foi mostrado, sem duvidar nem poder duvidar (cf. EE 175).

Desse modo, com serenidade e num tempo tranquilo, sem grandes agitações, propomos este exercício de repetição. O retorno a um tema já meditado e contemplado é, pois, um exercício de discernimento. Trata-se de conhecer e de se apropriar da maneira de agir do Espírito. A experiência é mestra e formadora, mas somente se for relida, examinada, solidificada. Vamos construindo-nos a partir da retomada permanente do que vivemos, num convite a sairmos da superficialidade. Daí a necessidade contínua de tomarmos consciência do vivido, encontrar tempo para repeti-lo e interiorizar a experiência. É assim que ela se torna formadora. O convite à repetição encontra-se em todo o livro dos *Exercícios Espirituais*, recomendando atentar e demorar-se nos pontos em que se sentiu maior consolação ou desolação ou maior sentimento espiritual (cf. EE 62).

- Escolho, então, dentre as orações da semana, aquela que me pareceu mais forte, segundo esses critérios, e volto a ela. Faço como nos outros dias, iniciando com a oração preparatória e pedindo a graça da semana.

- Contudo, o que se quer, agora, não é um retomar ou um fazer de novo o mesmo exercício, mas repassar o processo da experiência vivida, desta vez, sob um novo olhar, evocando e revivendo o que se experimentou. Retorno, assim, aos sentimentos vividos na oração e vou experimentando uma decantação progressiva, concentrando-me no que for essencial e percebendo onde e como se manifesta a ação e a vontade de Deus sobre mim e a minha vida.
- Debruçar-me sobre os pontos mais fecundos ajuda-me a assimilar o que acontece comigo, a fim de caminhar, guiando-me por pistas mais seguras. Termino, como de costume, minha oração e faço uma revisão desta quinta semana do retiro quaresmal. Já tenho muita matéria de oração para minha partilha, seja comunitária, seja individualmente, com meu acompanhante espiritual, e um ânimo renovado para a próxima etapa: a Semana Santa!

Boa continuação!

Anotações Espirituais

Semana Santa

Pe. Adroaldo Palaoro, SJ

"Ninguém tem amor maior do que aquele que dá a vida por seus amigos."
(Jo 15,13)

Utilize este QR CODE para assistir ao vídeo com as orientações sobre as orações desta semana.

Introdução

Depois de um longo percurso quaresmal chegamos às portas das celebrações centrais da nossa vida cristã: **Paixão, Morte e Ressurreição** de Jesus Cristo.

Nas celebrações da *Semana Santa*, muitas vezes corremos o risco de nos deter no secundário e esquecer o essencial. E o mais essencial é que as diversas celebrações (procissões, via sacra, liturgias...) nos aproximem e nos façam crescer na identificação com o protagonista principal: **Jesus de Nazaré**.

Por isso, precisamos voltar constantemente ao Evangelho para compreender o mais essencial sobre Jesus. Recuperemos, como diz o Papa Francisco, o frescor original do Evangelho.

E a primeira coisa que o Evangelho nos diz é que Jesus foi um *buscador de alternativas*.

Ele não foi conivente e nem compactuou com a estrutura social-política-religiosa de seu tempo, que era profundamente desumanizadora. Sonhou novas possibilidades de vida e novas relações entre as pessoas. Por isso, ao anunciar o Reino, transgrediu a situação vigente e, a partir das periferias, foi despertando uma alentadora esperança nos corações dos mais pobres e excluídos, vítimas de um mundo fechado. Jesus sempre sonhou com uma "nova humanidade".

A Campanha da Fraternidade deste ano (*"Vós sois todos irmãos"*) constata esta realidade: há profundas divisões e conflitos em nossa sociedade, rompendo as relações fraternas e acentuando mais ainda os diferentes distanciamentos que estavam escondidos, mas que agora vieram à tona com mais força. A Paixão de Jesus continua na paixão dos excluídos, das vítimas e de todos os rejeitados de nossos ambientes.

> **Graça a ser pedida durante esta Semana Santa:**
> A graça de caminhar com Jesus na sua fidelidade até à Cruz e despertar uma nova sensibilidade para com os crucificados da história.

Domingo
de Ramos

Humanizar nossa Jerusalém através de relações mais amorosas.
Is 50,4-7 | Sl 21(22) | Fl 2,6-11 | Mt 21,1-11

- Comece sua oração, mobilizando todo o seu ser (corpo-mente-afetividade) para o encontro com Jesus que vive a fidelidade ao Reino até sua entrega radical.

- Faça uso dos preâmbulos: oração preparatória, a composição vendo o lugar, petição da graça.

- Antes de fazer uma contemplação, aqueça o seu coração com as "considerações" abaixo:

- A vida de Jesus foi uma grande subida a **Jerusalém**; e nessa subida, segundo os relatos evangélicos, Ele *desconcertou* a todos. Evidentemente, desconcertou as pessoas mais religiosas e observantes da religião judaica: fariseus, escribas, sacerdotes, anciãos...

Ele desencadeou na história da humanidade um "modo de viver" que quebrou toda estrutura petrificada, sobretudo religiosa, constituindo um *"movimento"* ousado que colocava o ser humano no centro.

Esse movimento, desencadeado na Galileia, chega agora às portas da "cidade santa", Jerusalém. Aquele homem que movia multidões por todo o país, por sua pregação e milagres, não é um revolucionário violento. E, no entanto, nem por isso deixou de ser provocativo, transgressor e perigoso. E tudo em nome da **vida.**

- Jesus participava do sonho de todo o povo de Israel que via em **Jerusalém** a cidade da promessa de paz e plenitude futura, lugar onde deviam vir em procissão todos os povos da terra. A tradição profética havia anunciado uma "subida" dos povos, que viriam a Jerusalém para iniciar um caminho de comunhão, de justiça e para adorar a Deus no Templo, que estaria aberto para todos. Toda a cidade se converteria num grande Templo, lugar onde se cumpriria a esperança dos povos.

Jesus, presença de vida nos povoados, vilas e campos, quis também levar **vida** a uma cidade que carregava forças de morte em seu interior. Ele quis pôr o **coração de Deus** no coração da grande cidade; desejava re-criar, no coração da capital, o ícone da nova Jerusalém, a cidade cheia de **humanidade** e **comunhão**, o lugar da **justiça** e **fraternidade**...

As nossas cidades também estão se revelando, cada vez com mais intensidade, como espaço de grandes rupturas e violências, lugar de exclusão e isolamento, visibilização de uma desumanização trágica.

Também os **muros** estão voltando à moda. Há em todo ser humano uma tendência a cercar-se de muros, a encastelar-se, a criar uma rede de proteção. Os muros, no interior das cidades, são muito concretos: muros sociais, religiosos, políticos, culturais... Com tantos muros é impossível estabelecer relações de fraternidade e reconciliação.

O gesto profético de Jesus de *"entrar em Jerusalém"* nos convida a contemplar nossas **cidades** e nos desafia a sermos presença evangélica, portadora de vida nos nossos grandes centros urbanos.

- Leia atentamente o Evangelho indicado para este domingo; prepare-se para fazer uma contemplação — **Mt 21,1-11**.

- Com a imaginação, recrie o cenário evangélico: a cidade de Jerusalém, o grande Templo, a diversidade de pessoas... Com a chegada de Jesus, montado em um burrinho e uma grande multidão, faça-se presente, procurando olhar as pessoas, escutar o que elas dizem, observar o que elas fazem...

- Estabeleça um colóquio com Jesus, expressando sua admiração pela atitude ousada e corajosa dele. Fale com Ele sobre sua presença na cidade onde mora: desejo de ser presença inspiradora, profética, de compromisso com a construção de relações humanizadoras...

- Traga à "memória" o que é mais desumano na sua cidade: como você reage diante disso? É passivo? Suporta? Denuncia? Atua?...

- Faça uma "leitura orante" deste tempo de oração e registre os principais sentimentos.

Segunda-feira
da Semana Santa

Betânia: casa de encontro, comunidade de amor.
Is 42,1-7 | Sl 26(27) | Jo 12,1-11

- Busque o seu "lugar sagrado" para iniciar a sua oração; pacifique o seu coração, respirando em profundidade ou ouvindo os sons ao seu redor; faça sua oração preparatória, a composição vendo o lugar e a graça a ser suplicada.

- Antes de entrar em contemplação, leia serenamente os "pontos" abaixo:
    - Neste início de Semana Santa, o Espírito nos leva a viver **Betânia**, a ser Betânia, a assumir Betânia. Ali acontece uma ceia de ação de graças a Jesus pelo dom da vida.

  Esta ceia é o símbolo do triunfo da vida sobre a morte. E essa força da vida se expressa no Evangelho de hoje mediante símbolos de vida: a mesa compartilhada, a amizade servidora de Marta, o perfume especial de Maria, a unção dos pés de Jesus, a fragrância que enche a casa.

  Jesus quis celebrar o dom da vida fraterna com esta família amiga.

    - Aqui, no centro do Evangelho de João, a comunidade, reconstruída no amor, exala o bom perfume que enche toda a casa. Em lugar do cheiro da morte, a casa enche-se do aroma de perfume; o perfume derramado por Maria é o símbolo da vida e do amor da comunidade que exalam bom odor. É um amor que não tem preço e estará sempre voltado para os pobres. As comunidades de Jesus estabelecem-se no espaço humanizador das casas, e não no espaço "oficial do sagrado" (templo).

    - Betânia é o verdadeiro "templo" onde Jesus percebe a presença e o agir de Deus nos fatos mais simples da vida cotidiana; Betânia é para Jesus um prolongamento de Nazaré, o lugar do cotidiano, do pequeno, do simples: o lugar da revelação.

  Marta e Maria expressam sua amizade e fazem com Jesus o que Ele logo fará com seus discípulos no momento de sua despedida: serve-os à mesa e lava seus pés. Jesus se deixou fazer, para poder fazer isso com outros e quis tomar os gestos destas mulheres para fazer memória de sua vida. Impressiona-nos que neste relato elas quase não falam, e expressam todo seu amor "mais em obras que em palavras".

- Betânia é também lugar de *interioridade*, onde se internalizam os processos de humanização, onde surge a humanidade nova, atitudes mais humanas e fraternas; lugar onde pulsa a Humanidade com toda sua força e onde volta a circular o sangue-vida.

Criar Betânia em nosso interior e em nossas casas: lugar da mesa compartilhada, da unção e do cuidado; ambiente que exala perfume do amor, gratidão, amizade...

Podemos visualizar nossa vida como um frasco cheio de perfume que nos foi entregue gratuitamente por Deus para que lhe respondamos com nosso agradecimento e alegria e para que muitos outros possam participar disso.

- Como preparação para a contemplação, leia uma ou duas vezes o texto do Evangelho indicado para este dia — **Jo 12,1-11**.

- Com a imaginação, faça-se presente à casa em Betânia; procure olhar atentamente cada uma das pessoas (Jesus, Lázaro, Marta e Maria); sinta o clima de alegria e amizade; procure escutar o que elas dizem; observe as reações, gestos, acolhida... das pessoas ali presentes.

Sinta o perfume do frasco quebrado tomando conta da casa.

Participe ativamente da cena, conversando, perguntando, ajudando a servir...

- Faça um colóquio com Jesus, falando do clima "pesado" que existe em Jerusalém, pois estão à procura dele para matá-lo. Permaneça aí, deixando-se impactar pelo clima humano reinante nesta casa.

- Finalize sua oração, dando graças por esta convivência amistosa. Leia o Salmo indicado.

- Registre no caderno de vida os sentimentos predominantes durante a oração.

Terça-feira
da Semana Santa

A despedida com rosto de ternura.
Is 49,1-6 | Sl 70(71) | Jo 13,21-33.36-38

- Crie um ambiente mais favorável para a oração deste dia: afaste-se das redes sociais, alimente uma atitude interna de escuta e silêncio... para viver mais intensamente os "momentos finais" da vida de Jesus.
- Faça a oração preparatória (de entrega), a composição vendo o lugar (a última Ceia), e peça a Deus a **graça** de participar dos sentimentos de Jesus, às vésperas de sua morte.
- Leia as "indicações" abaixo como ajuda a se fazer presente na ceia de despedida de Jesus.

  – Segundo os relatos dos Evangelhos, durante sua vida pública Jesus transitou por muitas refeições, participou de muitas mesas (especialmente com os pobres e pecadores) e, para culminar, organizou com seus amigos mais próximos uma ceia de despedida e de esperança; deixou uma "mesa" como marca dos seus seguidores: mesa da partilha do pão e da inclusão, mesa da festa e da comunhão.

É em torno dessa mesa que os seguidores de Jesus se constituem como verdadeira comunidade fraterna. Ao recordar a vida, paixão, morte e ressurreição de Jesus, os cristãos se comprometem a prolongar os seus gestos, atitudes, valores, compromissos... *"Fazer memória"* de Jesus junto à mesa é acolher o convite que Ele dirige a todos: *"Vós sois todos irmãos";* só a mesa eucarística reforça os laços entre os participantes, constrói a verdadeira comunidade cristã, comprometendo-a com a vida e com a causa do Reino.

- A transformação das relações humanas se dá através do partir o pão e do passar o cálice de vinho; como o **pão** é um, comer desse pão nos "irmana" a todos. A Eucaristia faz de todos nós **Corpo de Cristo**. Daí o interesse da primitiva Igreja em que, na Eucaristia, comungassem todos do mesmo pão partido, com a finalidade de fazer visível essa unidade de todos.

Tomar o **pão** e o **vinho** da Eucaristia é fazer memória de uma **presença** que nos compromete.

- Infelizmente, nem todos se sentem à vontade à mesa fraterna. Há muita traição que rompe a comunhão entre os convivas. Quando Jesus, na Última Ceia anuncia que um deles vai lhe entregar, todos ficam "assustados", "olham-se mutuamente", mas não conseguem identificar o traidor.

Os traidores não têm um rosto especial; qualquer rosto vale para dissimular a traição do coração; qualquer rosto vale para esconder um coração traidor.

Judas, em nada dava sinais de ser diferente do restante dos discípulos. Por isso ninguém se atreveu a acusá-lo de traidor. Parecia tão normal como qualquer outro do grupo.

É que as traições são alimentadas e escondidas no coração; as traições não têm rosto, não são visíveis. Por isso mesmo, os traidores, são tão difíceis de ser reconhecidos. Caminham como todos. Comem como todos. Sorriem como todos. Têm cara de amigo, mas, por dentro, carregam um coração vendedor de vidas, de dignidades.

- Leia atentamente o Evangelho da liturgia de hoje (**Jo 13,21-33.36-38**).
- Comece a contemplação ativando todos os seus sentidos, para poder participar intensamente da cena: olhe, escute, observe... Deixe-se impactar pelo clima do ambiente.
- Sinta-se desconcertado quando Jesus anuncia que um do grupo vai ser o traidor. Veja as reações dos discípulos, a tristeza de Jesus...
- Diante de "Jesus traído", recorde experiências pessoais de traição: quando foi traído? Quando traiu? Como se sentiu?
- No final da oração dê graças por poder participar deste momento.
- Faça exame da sua oração e registre no "caderno de vida" os movimentos (moções) do coração.
- Passe um bom tempo nesta sala, onde está acontecendo um evento histórico e essencial para os seguidores de Jesus: a instituição da Eucaristia. Participe também você da refeição.

Quarta-feira
da Semana Santa

"... vou celebrar a ceia pascal em tua casa, junto com meus discípulos..."

Is 50,4-9 | Sl 68(69) | Mt 26,14-25

- Prepare-se para viver este momento denso da Última Ceia; por isso, disponibilize todo seu ser (sentidos, razão, afetividade, coração) para "sentir e saborear" este Mistério.
- Um cuidado especial com os preâmbulos: oração preparatória, composição vendo o lugar, petição da graça...
- Leia os "pontos para a oração": isso pode ajudar a aquecer o coração para viver mais intimamente o encontro com o Senhor que está às portas de sua Paixão.
    - Jesus, no final de sua vida pública, quis cear com os seus amigos e por isso precisavam encontrar uma sala na qual houvesse espaço para estarem juntos.

Chama-nos a atenção, no Evangelho de Mateus, a maneira como Jesus indicou aos discípulos o local onde queria que a **Ceia** fosse celebrada: mandou-os seguir um homem que encontrariam à entrada da cidade.

Junto a personagens conhecidos nos Evangelhos, outros, sem rosto, nem identidade, nem protagonismo, surgem inesperadamente, deixando sua "marca", como o desconhecido homem que emprestou sua casa para que Jesus e seus discípulos pudessem celebrar a Páscoa.

Anônimo perante a posteridade, esse homem, de certo modo e do modo certo, serviu a Jesus como a Igreja deve servi-lo, sem perguntar qual seria seu lugar à mesa. Ofereceu a casa sem perguntar quem viria celebrar a Páscoa, sem pedir garantias, sem cobrar aluguel pelo espaço; enquanto os sacerdotes e Judas pechinchavam o valor da vida de Jesus, esse desconhecido, por pura gratuidade, ofereceu sua casa ao mesmo Jesus. Certamente, ele e sua família foram testemunhas desta ceia única e especial, e que será a marca de todo(a) seguidor(a) de Jesus.

- Aquele homem desconhecido, representa a todos nós; cabe-nos mostrar o caminho do local da Ceia, cabe-nos palmilhar, sobre as pedras do cotidiano, o rumo que leva à casa do Pai.

E devemos fazer com que outros nos sigam, para que se cumpra tudo o que foi instituído.

Orientadores do povo de Deus, abrimos as portas da grande sala e a confiamos ao Mestre para que realize ali o imenso dom da **Eucaristia**, *"como aquele que serve"*.

- Ontem, o Evangelho falou da traição de Judas e da negação de Pedro. Hoje, fala novamente da traição de Judas. Podemos destacar duas dimensões na Paixão de Jesus: uma acontece no *grupo interno* (traição, negação, busca de poder, incompreensão da missão...); isso provoca profundo sofrimento em Jesus. A outra paixão é provocada pela oposição, perseguição externa... Geralmente ficamos impactados com os sofrimentos físicos cometidos pelos opositores. O sofrimento interno não é visível, mas é maior.

- Leia atentamente o relato do Evangelho indicado para hoje: **Mt 26,14-25**.

- Com a imaginação, faça-se presente à cena, indo com os discípulos para preparar o ambiente da Última Ceia.

  - Procure ativar todos os sentidos: olhe as pessoas da cena, escute o que elas dizem, observe o que elas fazem, saboreie o pão e o vinho dados a você por Jesus...

  - Participe, com alegria, deste evento único; deixe-se afetar por tudo o que acontece durante a refeição. Reserve um momento de colóquio com Jesus, expressando a Ele seus sentimentos.

  - Finalize sua oração, manifestando profunda gratidão. Depois, registre no caderno de vida as experiências e sentimentos vividos nesse momento.

Quinta-feira
da Semana Santa

Lava-pés: para uma "Igreja da toalha".
Ex 12,1-8.11-14 | Sl 115(116) | 1Cor 11,23-26 | Jo 13,1-15

- Prepare sua oração, alimentando uma disposição interna para viver o Mistério do **Lava-pés**.
- Dê especial atenção às "adições": lugar, posição corporal, pacificação interior, consciência de estar diante de Deus...
- Faça sua costumeira oração preparatória, bem como a composição vendo o lugar, a petição da graça...
- Mobilize seus sentidos para que eles o ajudem a fazer uma contemplação; os "pontos para a oração", indicados abaixo, podem preparar o terreno interior para acolher o gesto ousado de Jesus no Lava-pés:
  - O gesto do **"lava-pés"** é exemplar para todo(a) seguidor(a) de Jesus Cristo; constitui um dos gestos mais expressivos da missão e da identidade para aqueles que exercem algum **serviço** em sua comunidade. É revelação e ensinamento. É amor e mandamento. É gesto-vida, gesto-horizonte, gesto-luz...

A cena do **lava-pés** revela profundidade e delicadeza, mútuo dom e acolhimento, comunhão e pressentimento. É um gesto profético, repleto de generosidade e de humildade.

Sem o lava-pés não é possível viver o apelo de Jesus: "Vós sois todos irmãos".

Jesus está no meio das pessoas como Aquele que serve; por isso **"despoja-se do manto"** (sinal da dignidade de "senhor") e pega o **avental** (toalha, "ferramenta" do servo). É o Senhor que se torna **"servo"**. O amor-serviço tem como primeiro símbolo o **avental**.

"Despojar-se do manto" significa *"dar a vida"* sob a forma de **serviço**.

Jesus coloca toda a sua pessoa aos pés dos seus discípulos. O Criador põe-se aos pés da criatura para revelar como ela é amada e como deve amar.

A cena é fortemente simbólica: Jesus continua sendo sempre aquele que serve.

A partir de então, o lava-pés passa a ser o *"modo de proceder"* ou o *"estilo de vida"* da comunidade dos seus seguidores.

"Tal Cristo, tal cristão": na vivência do serviço evangélico, somos chamados a vestir o **"avental de Jesus"**. *"Vestir o coração"* com o avental da simplicidade, da ternura acolhedora, da escuta comprometida, da presença atenciosa, do serviço desinteressado...

"Tirar o manto" é a atitude firme de quem se dispõe a *"arrancar"* tudo aquilo que impede a agilidade e a prontidão no serviço (nossa redoma, nossa máscara, nossa capa de proteção); é mover-se, despojado, em direção ao outro; é optar pela solidariedade e a partilha; é renovar a vontade de *"incluir"* o outro no nosso próprio projeto de vida.

- Precisamos *"levantar-nos da mesa"* cotidianamente. Há sempre um lar que nos espera, um ambiente carente, um serviço urgente. Há pessoas que aguardam nossa presença compassiva e servidora, nosso coração aberto, nossa acolhida e cuidado...

Sempre teremos *"pés"* para lavar, mãos estendidas para acolher, irmãos que nos esperam, situações delicadas a serem enfrentadas com coragem...

- Na contemplação do Lava-pés (**Jo 13,1-17**), observe silenciosamente os **gestos** de Jesus; há uma reverência, uma paz e calma especial. Não há pressa, não há agressividade, não há nada que possa dar a mínima aparência de algo que fosse obrigatório.
  - Depois de contemplar com "todo acatamento" os **gestos** de Jesus, converse com Ele sobre a sua admiração e sobre o seu desejo de prolongar esses mesmos gestos no seu cotidiano.

Traga à memória as pessoas cujos pés você precisa lavar...

- Revele sua gratidão para esta experiência tão íntima e tão intensa.
- Registre no seu caderno as "moções" mais fortes experimentadas na oração.

Sexta-feira
da Semana Santa

Na Cruz, um diálogo feito de silêncio...
Is 52,13-53 | Sl 30(31) | Hb 4,14-16 | Jo 18,1-19,42

- A oração de hoje nos mobiliza a acompanhar Jesus no seu caminho de fidelidade em direção ao Gólgota e sua morte na Cruz.
- Silenciar o corpo, a mente, o coração... através dos "preâmbulos": oração preparatória, composição vendo o lugar, petição da graça...
- Antes de "fazer o caminho" com Jesus até à Cruz, leia as indicações abaixo, como motivação para a experiência:
  - Jesus foi Aquele que não ficou indiferente diante da fome, da doença, da violência e da morte... Seu modo de ser — suas opções, sua liberdade diante da lei, da religião, do templo, seus encontros escandalosos com os pobres e excluídos... —, desestabilizou tudo, pôs em crise as instituições e as pessoas encarregadas da religião. Jesus foi condenado como herege e subversivo, por elevar a voz contra os abusos do templo e do palácio, por colocar-se do lado dos perdedores, por ser amigo dos últimos, de todos os caídos. Tornou-se um perigo a ser eliminado.

A primeira coisa que descobrimos ao contemplar o **Crucificado** do Gólgota, torturado injustamente até à morte pelo poder político-religioso, é a força destruidora do mal, a crueldade do ódio e o fanatismo da mentira. Precisamente aí, nessa vítima inocente, nós, seguidores de Jesus, vemos o Deus identificado com todas as vítimas de todos os tempos. Está na Cruz do Calvário e está em todas as cruzes onde sofrem e morrem os mais inocentes.

- O evangelista João dá um destaque especial à presença das **mulheres** subindo o caminho do Calvário e permanecendo junto à Cruz de Jesus, solidárias com Aquele que era vítima da indiferença cruel.

Estão ali, precedendo-nos no caminho, e não dizem nada. É seu corpo, são seus gestos, suas mãos, seus olhos, seu silêncio... que falam por elas. A linguagem delas é a linguagem do encontro solidário. Se elas podem permanecer nessas circunstâncias, é porque amaram muito. Elas nos falam de resistência e de fidelidade, de uma presença comovedora. Estão juntas, expostas a outros olhares, como comunidade de discípulas em torno de seu Mestre, que lhes ensina, agora sem palavras, uma sabedoria muito maior.

- Em meio à impotência, elas não se afastam da dor experimentada ao ver sofrer a quem mais se ama, senão que se expõem ao olhar d'Aquele cujo rosto foi desfigurado.

Sobem com Ele ao lugar do abandono e da ingratidão, levantando uma ponte de proximidade e de solidariedade que cruza a totalidade da vida de Jesus.

Elas acompanharam a vida de Jesus muito de perto, *"à sombra"*, e agora, a **morte** d'Ele lança uma forte luz sobre elas, tornando-as visíveis para que todos saibam quem são elas.

Elas têm a coragem de permanecer ali, acolhendo o acontecimento em toda a sua crueldade e profundidade; elas "estão de pé", enquanto outros desistiram ou se afastaram assustados.

- Através da contemplação, entre no caminho com Jesus, até o Calvário (**Jo 19**). Olhe as pessoas, escute o que elas dizem; observe as diferentes reações das pessoas: os soldados, as mulheres, Pilatos, a multidão... Basta estar presente, silenciosamente, deixando-se afetar pelas cenas e pelas atitudes das pessoas diante de Jesus, com a Cruz às costas.
- Depois da morte de Jesus, vá com Maria até à casa de João; alimente uma presença solidária junto à mãe que teve o seu Filho assassinado. Permaneça em silêncio.
- Faça memória de muitas mães que tiverem seus filhos mortos, vítimas de uma sociedade violenta e carregada de ódio.
- Finalize sua oração, rezando "Alma de Cristo".
- Registre no caderno os apelos, moções... que brotaram da oração.

Sábado
Santo

"... colocou o corpo de Jesus num túmulo novo, que mandara escavar na rocha..."
Mt 27,57-66

É **Sábado** e Jerusalém voltou à sua normalidade: nada mudou, ao menos aparentemente, na história. Silêncio gélido, desconcerto, frustração e indiferença cobrem a cidade santa como um manto de densa neblina.

Como seguidores(as) de Jesus vivemos nossos adventos, natais, quaresmas, páscoas e pentecostes; vivemos nossas sextas-feiras; é preciso aprender a viver o incômodo silêncio dos sábados santos.

No caminho do seguimento de Jesus há **"Sábados Santos"**, tanto no nível pessoal como comunitário: passamos por contínuas mortes, noites escuras, crises, silêncios carregados de tristeza, falta de esperança, dúvidas de fé, fracassos, traumas...

A humanidade inteira vive um grande "Sábado Santo"; há uma espera angustiada dos povos.

Onde encontrar, então, a razão, o segredo e o sentido deste dia que dá a sensação de um "dia morto"?

Certamente está neste fato: se o Crucificado não tivesse descido até os *"infernos"* da vida, em quem os homens e as mulheres que ali vivem poderiam se apoiar? A quem poderiam ter por companheiro, amigo e irmão? De quem poderiam sentir uma presença consoladora?

A Igreja primitiva viu a *"descida entre os mortos"* como paradigma da Redenção. No Sábado de Aleluia, ela lembra este *"descer"* às profundezas da terra e da humanidade.

Na *"descida aos infernos"*, lá onde o ser humano chegou ao extremo, onde ele se encontra excluído de toda comunicação e comunhão, onde não pode fazer mais coisa alguma, aí Jesus o toma pelas mãos e ressurge com ele para a vida. Jesus Cristo acolheu tudo quanto é *humano* e desta maneira tudo redimiu. Ele *"subiu"* ao céu porque *"desceu"* às profundezas da terra.

A descida aos *"infernos"* é imagem da descida de Jesus às regiões sombrias de nossa existência.

Descobrimo-lo presente nos nossos "infernos interiores". As profundezas de nosso ser se iluminam, e tudo quanto foi reprimido, recalcado, ferido... é tocado e assumido por Jesus e nos desperta para a vida.

É preciso descer, com Jesus, ao túmulo de nossa interioridade, transitar pelos espaços e dimensões não integradas. Só quem desce às profundezas de si mesmo é capaz de vislumbrar potencialidades de vida que não foram ativadas. É preciso morrer ao "ego", "descer" aos "infernos" interiores e sociais para expandir a vida em novas direções.

O evangelista João nos diz que Jesus, após sua crucifixão, foi colocado em um *"sepulcro novo"*.

O sepulcro representa a *"passagem"* entre o antigo e o novo. Ao ser fechado com uma pedra, no entardecer da Sexta-Feira Santa, encerrava-se um ciclo. Ao se abrir, na madrugada do domingo, inaugura-se um novo tempo, uma nova Criação. Os sinais estão ali, no ventre aberto da Terra. Sinais que podem ser mudos para nós, levando-nos a nos deter no passado, ou podem ser umbral de novas significações.

- Neste **Sábado Santo,** situemo-nos junto ao sepulcro, lugar onde tivemos os últimos sinais ou notícias d'Aquele que foi fiel até o fim.
- Santo Inácio nos convida a passar este dia na casa de Maria, em comunhão com seus sentimentos e sua esperança.

É a única que tem certeza de que a Vida do seu Filho não permanece na morte.

- Sua atitude revela-se *antecipadora da Ressurreição,* assim como ela antecipou o primeiro "sinal" de Jesus nas Bodas de Caná.

Domingo
de Páscoa

"O anjo do Senhor desceu do céu e removeu a pedra..."
Rm 6,3-11 | Mt 28,1-10

- Na alegria da ressurreição, **prepare a oração**, criando um clima de profunda intimidade com o Ressuscitado.

- Suplique a Deus o dom da **alegria** com Cristo Ressuscitado; que a experiência da Ressurreição o(a) impulsione a viver com mais intensidade em comunhão com toda a humanidade e toda a Criação.

- Antes de "entrar em contemplação", repasse os "pontos" seguintes:

Os relatos das Aparições do Ressuscitado nos revelam como Ele foi reconstruindo as pessoas, amigas e amigos, quebrados(as) pelo fracasso, pela tristeza, pela decepção... Jesus os(as) ressuscitou por dentro, despertando a vida bloqueada e abrindo o horizonte da missão.

"Olhar o ofício de consolar que Cristo nosso Senhor exerce" (Santo Inácio – EE 224).

Consolar é o que define a ação do Ressuscitado, transformando a situação dos seus discípulos e discípulas: a tristeza se converte numa alegria contagiante, o medo em valentia e audácia, a negação de Jesus em profissão de fé e martírio... Não se trata de um ato pontual, senão de um *"ofício"* que definirá para sempre a atividade de seu Espírito no mundo.

Nas cenas evangélicas das **aparições,** o efeito da presença do Ressuscitado sobre os discípulos e discípulas termina sempre em reconhecimento, em chamado e envio, em restauração de uma *vocação* e *missão*.

Jesus ressuscitado exerce sobre eles(elas) um original *"ofício de consolar"*, cujo efeito é iluminar o **caminho** que, em seu nome e com Ele, eles e elas hão de percorrer. O "ofício de consolar" é a marca do Ressuscitado, é força recriadora e reconstrutora de vidas despedaçadas. Jesus "ressuscita" cada um dos seus amigos e amigas, ativando neles(as) o sentido da vida, reconstruindo os laços comunitários rompidos, e sobretudo, oferecendo solo firme a quem estava sem chão, sem direção...

Todos somos chamados a prolongar este *"ofício de consolar"* de Jesus; a experiência da Ressurreição nos move a "descer" junto à realidade do outro (seus dramas, fracassos, perda de sentido da vida...) e exercer este ministério humanizador, ou seja, "vida que desperta outras vidas".

É vida plenificada, iluminada, integrada... pela experiência de encontro com o Ressuscitado e que flui em direção à vida bloqueada, necrosada... ativando-a, despertando-a...

É movimento expansivo da vida.

- Leia o Evangelho de **Mt 28,1-10;** com a imaginação, acompanhe as mulheres até o sepulcro de Jesus; com elas, reviva a experiência de encontro com o Ressuscitado.
- Faça "memória" das experiências de consolação, suscitadas pela Graça de Deus ao longo desta Quaresma.
- Recorde pessoas que foram "presenças consoladoras" em sua vida.
- Traga à memória situações em que você foi o(a) mediador(a) da **consolação** de Deus.

Anotações Espirituais

Mensagem final

Iluminar a madrugada e tecer liberdade, nutrir a vida de compaixão e amizade, celebrá-la e oferecê-la de verdade, orar... Esse é o movimento de Ressurreição. É isto que o evangelista João quer destacar quando escreve que Madalena "saiu correndo", que Pedro e João "corriam juntos".

Que a Páscoa seja um tempo de movimento e cada um(a) descubra o horizonte de vida para onde correr!

Um santo Tempo Pascal a todos e todas!